自由贸易港品牌形象设计

刘珊珊　著

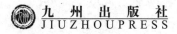
九州出版社
JIUZHOUPRESS

图书在版编目（CIP）数据

自由贸易港品牌形象设计 / 刘珊珊著. -- 北京：
九州出版社, 2025.1. -- ISBN 978-7-5225-3517-3

Ⅰ. F752.866

中国国家版本馆CIP数据核字第202568JE92号

自由贸易港品牌形象设计

作　　者	刘珊珊 著
责任编辑	沧　桑
出版发行	九州出版社
地　　址	北京市西城区阜外大街甲 35 号（100037）
发行电话	(010)68992190/3/5/6
网　　址	www.jiuzhoupress.com
印　　刷	河北昌联印刷有限公司
开　　本	787 毫米×1092 毫米　16 开
印　　张	10.25
字　　数	220 千字
版　　次	2025 年 1 月第 1 版
印　　次	2025 年 1 月第 1 次印刷
书　　号	ISBN 978-7-5225-3517-3
定　　价	88.00 元

前　言

    自由贸易港作为开放经济体的重要组成部分，承载着国家经济发展的历史责任，同时也在全球范围内得到了广泛关注。随着国际贸易合作的日益深化，自由贸易港品牌形象设计成为推动经济发展和提高国际竞争力的重要一环。

    自由贸易港作为推动经济全球化和自由化的重要平台，具有独特的政策优势和地理优势。在全球价值链体系中，自由贸易港的作用愈发凸显，成为吸引国际资本、促进经济发展的关键引擎。因此，自由贸易港品牌形象设计不仅是塑造地区形象、提升对外竞争力的重要手段，更是助力港口吸引国际资本、拓展国际市场的重要工具。

    品牌形象设计的目标是在全球范围内传递自由贸易港的核心价值，突出其经济开放、创新活力、服务便捷等方面的特质。通过品牌形象的打造，自由贸易港能够在国际市场上建立积极的品牌印象，吸引更多国际投资和贸易合作，提高自身地区的国际竞争力。品牌形象设计旨在传达清晰的信息，使自由贸易港在全球经济中崭露头角，为本地产业发展和国际合作创造更有利的条件。

    本书致力于深入探讨自由贸易港品牌形象设计的理论与实践，旨在为自由贸易港提供科学的品牌建设策略和建议。通过对全球自由贸易港的品牌案例分析、品牌传播理论的研究，以及市场调查与受众需求分析，我们将为自由贸易港的品牌形象设计提供创新的思路和可行的方案。希望这一研究不仅能够在学术领域有所启发，更能够为实际工作中的品牌形象设计提供创新性的思考和实践方向。

目 录

第一章 自由贸易港概述

第一节 自由贸易港的定义与特点

一、自由贸易港的概念解析

自由贸易港是指在国际贸易体系中，一国或地区为吸引外商投资和促进贸易自由化而专门设立的特殊区域，通常享有较为宽松的贸易和投资政策。这类地区通常设有特殊的法规和管理制度，以吸引外商和促进经济发展。以下是对自由贸易港概念的详细解析，包括其定义、特征、发展历程以及对经济的影响。

（一）定义

自由贸易港是指在国际贸易体系中，某一国或地区在特定区域内实行较为宽松的贸易和投资政策，以吸引外商投资、促进国际贸易自由化，并推动经济发展的特殊区域，这些地区通常设有独特的法规和管理制度，使其在国内外享有较高的贸易自由度和投资便利性[①]。

（二）特征

自由贸易港通常实行较为自由的贸易政策，包括关税优惠、减少非关税壁垒等，以吸引更多的国际贸易。为了吸引外国投资，自由贸易港通常采取开放的外商投资政策，提供更为便利的投资环境，包括简化审批程序、提供税收优惠等。这些地区会创建相对独立的法规和管理制度，以适应其在贸易和投资方面的自由度，同时保障经济秩序的稳定。自由贸易港通常发展成为国际金融中心，拥有健全的金融体系和自由的资本流动，吸引国际企业和金融机构设立总部或分支机构。

为了提高其国际竞争力，自由贸易港通常进行大规模的基础设施建设，包括港口、机场、通信网络等。

---

① 陈伟光，刘彬．制度创新：海南自由贸易港 [M].重庆：重庆大学出版社，2022：15.

（三）发展历程

自由贸易港的发展历程可以追溯到 20 世纪初。最早的自由贸易港之一是中国香港，其自由贸易政策吸引了大量国际资本和企业。随后，新加坡、我国的上海等地也相继建立了自由贸易港，逐步形成了全球范围内的自由贸易港网络。

在发展过程中，自由贸易港逐渐从单一的贸易自由度扩展到更多领域，包括金融、服务业、高科技产业等。同时，越来越多的国家和地区意识到建设自由贸易港对于提高国际竞争力和吸引全球投资的重要性，因此，自由贸易港的发展呈现出多层次和多样化的趋势。

（四）对经济的影响

自由贸易港通过降低贸易壁垒、优化关税制度，促进国际贸易的自由化，有助于提高地区内企业的国际竞争力。宽松的投资政策和便利的营商环境吸引了大量外国投资，推动了当地经济的快速发展。自由贸易港通常鼓励高科技、创新型产业的发展，推动了产业升级和经济结构的优化。发展成为国际金融中心的自由贸易港，有助于提高其金融体系在国际上的竞争力。自由贸易港的发展通常伴随着基础设施建设和产业升级，从而创造了大量就业机会，提高了居民的生活水平。

总体而言，自由贸易港作为一种特殊的经济区域模式，对于促进国际贸易、吸引外商投资、推动经济发展等方面都具有积极的影响。然而，其发展也面临着一些挑战，包括如何平衡自由度和监管、防范潜在的风险等问题。

二、国际视角下的自由贸易港定义

国际视角下，自由贸易港是指在全球贸易体系中，为促进国际贸易和吸引外国投资而设立的特殊经济区域。这种区域通常以较为宽松的贸易和投资政策为特征，旨在提供便利的贸易环境、吸引跨国企业、促进技术创新，从而推动本地经济的发展[①]。以下是对国际视角下自由贸易港的详细定义，包括其特征、发展动力以及对全球经济的影响。

（一）国际贸易自由度

在国际视角下，自由贸易港的最显著特征之一是其较高的国际贸易自由度。自由贸易港通常通过降低关税水平或者提供关税优惠政策，以吸引更多国际企业在该地区开展贸易活动。同时，为了进一步降低贸易壁垒，自由贸易港也采取减少非关税壁垒的措施，如简化进出口手续、加速通关流程等。为了开拓市场，自由贸易港通常积极与其他国家或地区签署自由贸易协定，促进跨境贸易，实现更广泛的市场准入。自由贸易港的贸易自由度在国际上得到广泛认可，使其成为全球贸易体系中的重要组成部分。

这种高度的贸易自由度使自由贸易港成为国际企业愿意投资和开展贸易的理想选择。

---

① 王婷，郑丽珠．国际经验视角下福建省自由贸易港建设路径研究 [J]．经济论坛，2021（5）：142-152.

（二）开放的外商投资政策

自由贸易港通过实施开放的外商投资政策，吸引了大量国际资本和企业。

自由贸易港通常采取相对宽松的外商投资审批制度，简化投资程序，减少投资障碍，为国际企业提供更便利的投资环境。为了吸引更多的外国投资，自由贸易港通常提供各种投资奖励和激励政策，如税收减免、优惠贷款条件等，以增加投资者的回报率。为了提升其在全球价值链中的地位，自由贸易港通常鼓励国际企业在其境内设立总部或区域总部，为其提供更多的便利和支持。

这种开放的外商投资政策吸引了来自不同国家和地区的企业在自由贸易港投资和运营。

（三）弹性的法规和管理制度

自由贸易港通常建立相对独立的法规和管理制度，以适应全球化的经济环境，保障国际企业在其境内的运营。

为了适应国际市场的快速变化，自由贸易港的法规和管理制度通常较为灵活，能够迅速调整以适应新的贸易和投资模式。为了吸引更多高科技和创新型产业，自由贸易港通常重视知识产权的保护，提供健全的知识产权法律体系，为创新企业提供合法的经营环境。自由贸易港在法规和管理方面通常倾向于采用国际上通用的企业治理标准，提高企业的国际竞争力。

这种弹性的法规和管理制度使得自由贸易港在国际市场上更具竞争力，吸引了众多国际企业在其境内开展业务。

（四）国际金融中心

自由贸易港通常发展成为国际金融中心，具有健全的金融体系和自由的资本流动。

自由贸易港通常支持资本的自由流动，允许跨国资本在其境内自由投资、融资和转移。作为国际金融中心，自由贸易港提供全球范围内的金融服务，包括国际贸易融资、投资银行业务、证券交易等，为全球企业提供全面的金融支持。自由贸易港通常鼓励金融创新，包括金融科技（FinTech）的发展，以提高金融服务的效率和便捷性。

作为国际金融中心，自由贸易港的金融市场通常提供多元化的金融产品，满足不同投资者和企业的需求。自由贸易港的金融机构通常积极参与国际金融合作与交流，与其他国际金融中心建立合作关系，促进全球金融体系的稳定和发展。

这些特征使得自由贸易港在全球金融体系中扮演着重要的角色，为全球资本流动提供了便捷通道，同时也为本地企业提供了全球融资和投资的机会。

（五）先进基础设施

自由贸易港通常投入大量资源用于建设先进的基础设施，以提高其在全球贸易中的竞争力。

为方便货物的进出口，自由贸易港通常建设现代化的港口和机场设施，提升物流效率。

通畅的交通网络是确保货物和人员流动的关键，因此自由贸易港通常建设高速铁路和道路网络。先进的通信和信息技术基础设施是支持国际贸易和金融服务的重要保障，自由贸易港通常在这方面进行大规模投资。为了促进高科技产业的发展，自由贸易港通常建设科技园区和创新中心，提供创新环境和支持。

这些基础设施的投资不仅提高了自由贸易港内部的生产和交流效率，也加强了其与其他国家和地区的连接，使其成为全球价值链的重要节点。

（六）国际化人才流动

在国际视角下，自由贸易港通常鼓励国际化的人才流动，以吸引全球高素质的人才。

自由贸易港通常采取灵活的移民政策，简化人才的签证流程，为国际人才提供更便利的工作和生活条件。为了提高本地人才的国际竞争力，自由贸易港通常投入资源进行国际化的人才培训，培养具有全球视野的专业人才。因为国际化的人才流动，自由贸易港内的企业通常拥有多元文化的职场环境，这有助于促进创新和不同文化间的交流。

这种国际化的人才流动使得自由贸易港更具有全球吸引力，成为全球人才的聚集地。

（七）环保和社会责任

自由贸易港在国际视角下通常注重环保和社会责任，积极采取措施应对全球性的环境和社会挑战。

自由贸易港通常制定可持续发展政策，推动经济发展与环保的平衡，注重资源利用效率和减少碳排放。自由贸易港的企业通常积极参与社会责任倡议，投资于教育、医疗、扶贫等社会事业，履行企业的社会责任。

这种环保和社会责任意识使得自由贸易港更符合国际社会对于可持续发展和社会责任的期望，增强了其在国际上的声誉。

第二节　自由贸易港的发展背景

一、全球化趋势对自由贸易港的影响

全球化是当今世界经济的主要特征之一，对自由贸易港的发展产生了深远的影响。全球化趋势在国际贸易、资本流动、信息技术等多个领域推动了深层次的变革，同时也对自由贸易港的发展产生了积极的影响和一些挑战[1]。以下是对全球化趋势对自由贸易港的影响的详细分析，包括全球价值链、国际分工、金融体系、技术创新、文化交流等方面。

---

① 张茉楠.全球数字贸易竞争格局与中国数字贸易国际合作的战略选择[J].区域经济评论，2022（5）：122-131.

（一）全球价值链的深度整合

全球化趋势推动了全球价值链的深度整合，各个国家和地区在生产和供应链中的角色更加紧密，形成了更为复杂的国际产业网络。对自由贸易港而言，这意味着更广泛的合作机会和更高的产业附加值。全球化促进了生产要素的跨国流动，自由贸易港通过吸引国际资本、技术和人才的流入，更好地融入全球生产体系。

自由贸易港通过建设高效的物流和供应链网络，更好地参与全球供应链，提高了本地产业的国际竞争力。全球化趋势导致了产业分工的进一步细化，自由贸易港有机会在更高附加值的环节中发挥优势，推动产业结构的升级。

这些变化使得自由贸易港在全球价值链中的地位更为重要，为其经济增长和发展提供了新的机遇。

（二）国际分工的深化

全球化促使了国际分工的深化，各国在全球产业链中扮演不同的角色。自由贸易港作为开放型经济体系，更加积极地参与国际分工，发挥自身优势。

全球化趋势加速了产业的专业化和差异化，自由贸易港通常通过发展高科技、高附加值的产业，找到自己在全球分工中的定位。随着全球服务业的国际化，自由贸易港通常致力于发展金融、物流、信息技术等服务领域，提供跨国企业所需的服务。全球分工要求各国加强国际合作，自由贸易港通常通过与其他自由贸易港或国家签署合作协议，实现优势互补，促进共同发展。

这种国际分工的深化为自由贸易港提供了更多的发展机会，同时也要求其在国际市场上保持竞争力。

（三）金融体系的全球化

全球化趋势推动了金融体系的全球化，国际资本流动更加自由，金融市场更加密切相连。自由贸易港作为国际金融中心，受益于全球化带来的金融机会和挑战。

全球化推动了跨国金融机构在自由贸易港设立分支机构或总部，为本地金融市场注入更多的国际资本。自由贸易港通常受益于全球资本流动的增加，成为国际投资者首选的投资目的地，推动了本地金融市场的繁荣。

全球化促进了金融创新，自由贸易港在这一过程中扮演了积极角色。

全球化趋势推动了金融科技的发展，自由贸易港通常鼓励和支持金融科技的创新，以提高金融服务的效率和便利性。自由贸易港通过引入先进的金融技术，提高了跨境支付和结算的便捷性，加强了本地金融体系与国际市场的连接。

区块链技术在全球范围内得到应用，自由贸易港通常积极探索其在金融领域的应用，提高金融交易的透明度和安全性。

这些金融创新不仅提升了自由贸易港的金融服务水平，也为全球金融体系的发展带来了新的动力。

（四）技术创新与知识产权保护

全球化助推了科技和知识的跨国传播，自由贸易港通过技术创新和知识产权保护，加强了本地产业的创新能力和竞争力。

全球化使得自由贸易港更容易吸引国际高科技企业，促进本地科技产业的升级和发展。自由贸易港通常建设创新园区，提供良好的研发和创新环境，吸引全球创新资源。自由贸易港加强知识产权法律体系的建设，提高知识产权的保护水平，鼓励创新活动。

这一系列举措推动了自由贸易港在全球技术创新和知识产权领域的影响力，为本地企业的技术升级和创新提供了有力支持。

（五）文化交流与国际合作

全球化促进了文化交流和国际合作，自由贸易港通过开放的文化政策和积极的国际合作，增进了本地社会的多元性和国际化水平。

全球化使得人才更容易跨国流动，自由贸易港通过灵活的移民政策，吸引国际人才的流入，促进了文化的交融。自由贸易港通常积极承办国际性的文化活动、展览和会议，为本地居民提供更广泛的国际视野。自由贸易港通过与其他国家和地区的文化交流合作，促进了不同文化之间的理解与尊重。

这些文化交流与国际合作的努力提高了自由贸易港的国际形象，也为本地居民提供了更广泛的文化体验。

（六）环境可持续性的挑战

尽管全球化带来了许多积极的影响，但也伴随着一些环境可持续性的挑战。自由贸易港需要在全球化的进程中平衡经济发展与环境保护之间的关系。全球化带来了更大规模的生产和消费，自由贸易港需要关注资源的可持续利用和减少环境压力。全球化加剧了气候变化的挑战，自由贸易港需要应对气候变化对本地经济和生态系统的影响。自由贸易港需要积极推广绿色技术，减少对环境的不良影响，促进可持续发展。

这些环境可持续性的挑战要求自由贸易港在全球化中发挥更为负责任的角色，推动经济增长与环境保护的协同发展。

二、国际贸易政策与自由贸易港的关系

国际贸易政策是各国为了促进经济发展、保护本国产业、调整国际收支等目的而制定的政策框架，它包括了关税政策、贸易协定、进出口管制、汇率政策等多个方面。自由贸易港作为经济体系中的一种特殊形式，其发展和运行与国际贸易政策密切相关。以下将深入探讨国际贸易政策与自由贸易港的关系，分析政策对自由贸易港的影响，并讨论自由贸易港在塑造国际贸易政策中的作用[①]。

---

① 吴刚，郭茜.从自由贸易试验区到自由贸易港 内陆自由贸易港发展战略研究 [M].成都：西南交通大学出版社，2020：56.

（一）国际贸易政策的基本框架

国际贸易政策是各国制定和实施的一系列措施，旨在调整国际贸易关系，实现经济和贸易目标。

关税是国家对进口和出口商品征收的税费，是国际贸易政策的核心之一。各国通过制定不同的关税政策，既可以保护本国产业，也可以促进国际贸易。高关税可以有效保护本国产业，限制进口，提高本国产品的市场份额。为了推动国际贸易，各国也可能降低关税，提高商品的国际竞争力。

贸易协定是各国之间达成的一种协商一致的贸易规则，其目的在于促进贸易自由化和国际合作。主要形式包括双边贸易协定、多边贸易协定和区域性贸易协定。各国通过FTA可以实现降低或取消彼此之间的关税，促进贸易自由化。WTO是一个多边的国际组织，致力于制定和监督全球贸易规则，促进贸易的自由和公平。

各国通过制定进出口管制政策，对特定商品或技术进行限制或监管。这既包括出口管制，也包括进口管制，以实现国家的安全、环境、卫生等多方面的目标。汇率政策直接影响国际贸易的竞争力。国家通过调整汇率水平，可以影响本国货币的相对价值，从而影响出口和进口的竞争状况。

（二）自由贸易港的定义与特点

自由贸易港是一种经济体系，其基本特点在于实行更加自由开放的贸易政策，提供更为灵活的经济环境。

自由贸易港通常采取较低或零的关税水平，取消或减少非关税壁垒，提供更加开放的市场环境。这有助于促进国际贸易，吸引更多的外资和跨国企业。自由贸易港通常对外商投资采取更加宽松的政策，吸引国际资本流入。它可以允许外资企业在自由贸易港内设立子公司、合资企业，或者进行其他形式的投资。

自由贸易港通常拥有更为灵活的法规和管理制度，相对于其他地区更为宽松。这有助于提高企业的运营效率，减少行政手续的繁琐程度。自由贸易港通常发展成为国际金融中心，吸引全球金融机构的设立，促进国际资本流动。它提供了多元化的金融服务，包括银行、证券、保险等。

自由贸易港通常在基础设施建设上投入较大，建设先进的港口、机场、物流园区等，以提高进出口货物的流通效率。高效的物流体系有助于降低贸易成本，增强自由贸易港的竞争力。

（三）国际贸易政策与自由贸易港的关系

自由贸易港的核心特点之一是较低或零的关税水平。通过实行自由的关税政策，自由贸易港吸引了更多的国际企业和贸易流量，推动了本地产业的发展。关税的降低也使得自由贸易港在全球价值链中更有竞争力，能够更好地融入国际分工体系。自由贸易港通常通过签署双边或多边的自由贸易协定，与其他国家建立更为开放的贸易关系。这使得自由贸易港在国际贸易体系中拥有更广泛的市场准入，有利于扩大出口和引进更多的外资。自由贸易协定的签署也有助于强化自由贸易港的国际地位，形成更为完善的贸易伙伴关系。

自由贸易港通常在进出口管制方面采取较为灵活的政策，简化报关手续、加快通关速度，提高贸易效率。这有助于吸引更多的国际贸易活动，使得自由贸易港成为国际贸易的枢纽。通过精简进出口程序，自由贸易港可以更好地服务于全球供应链，吸引跨国企业在此建立分支机构。汇率政策对自由贸易港的影响主要体现在两个方面。首先，自由贸易港通常采取更为开放的汇率政策，使得本地货币更具有流通性，便于国际贸易结算。其次，自由贸易港通过灵活的汇率政策，有助于维持货币的相对稳定，提高本地投资环境的可预测性。

（四）自由贸易港在国际贸易政策中的作用

自由贸易港作为贸易自由度较高的地区，通过自身的发展和实践，对全球促进贸易自由化发挥着积极的作用。自由贸易港通过降低关税、取消非关税壁垒，推动了贸易的自由化，为促进全球经济的增长创造了有利条件。

自由贸易港在国际贸易协定中的参与，有助于塑造全球贸易规则。通过与其他国家签署协议，自由贸易港参与了国际贸易规则的制定和修改过程，为全球贸易体系的发展提供了经验和智慧。自由贸易港作为开放的经济体，通常在全球价值链中发挥着重要角色。其先进的物流、金融体系，以及贸易自由度的提高，使得自由贸易港成为全球供应链中不可或缺的一环。通过服务全球价值链，自由贸易港增强了与其他国家和地区的经济联系，推动了全球产业分工和合作。

自由贸易港通常以开放的态度吸引国际高科技企业和研发中心，推动科技创新和产业升级。其对知识产权的保护、建设创新园区等举措，有助于提高本地经济的技术水平，使得自由贸易港在全球科技竞争中占据有利地位。

三、新兴市场与自由贸易港发展机遇

新兴市场和自由贸易港在当今全球化的背景下都扮演着重要的角色。新兴市场通常指的是那些具有相对较高增长率、正在经历工业化和现代化的国家，而自由贸易港则是在全球贸易体系中具有更为开放自由贸易政策的地区。以下将探讨新兴市场与自由贸易港的发展机遇，分析它们之间的关系以及如何共同推动经济的繁荣。

（一）新兴市场的特点和机遇

1. 特点

新兴市场的国家通常经济增长迅猛，其 GDP 和人均收入在相对短的时间内都有较大幅度的提高。这使得它们成为全球经济增长的主要引擎之一。许多新兴市场国家拥有丰富的自然资源，包括能源、矿产、农产品等。这些资源的存在为其经济提供了巨大的支持，也成为吸引国际投资的重要因素。

新兴市场国家通常拥有年轻且不断增长的人口。这为劳动力市场提供了巨大的潜力，同时也为市场需求的扩大创造了条件。许多新兴市场国家正在经历工业化和城市化的过程。

这意味着大量的农民正在转移到城市，形成新的中产阶级，推动了城市建设和基础设施的发展。

2. 机遇

新兴市场国家的市场通常处于快速扩张的阶段。对于国际企业来说，进入这些市场意味着可以获得更多的机会，扩大销售规模。新兴市场通常需要大量的基础设施建设、科技创新和产业升级。这为国际投资者提供了丰富的投资机会，尤其是在能源、交通、通信等领域。年轻而不断增长的人口为新兴市场带来人口红利。这意味着劳动力市场充满活力，能够提供相对廉价而又高效的劳动力资源。

许多新兴市场国家正在加大对科技创新的投入，推动产业升级和转型，这为国际科技公司提供了合作与投资的机会，促进了全球科技合作。

（二）自由贸易港的特点和机遇

1. 特点

自由贸易港通常实行较低或零的关税政策，取消或减少非关税壁垒，提供更为开放的市场环境。这使得自由贸易港成为全球贸易的重要节点。自由贸易港通常对外商投资采取较为宽松的政策，吸引国际资本的流入。它可以允许外资企业在自由贸易港内设立子公司、合资企业，或者进行其他形式的投资。

自由贸易港通常拥有更为灵活的法规和管理制度，相对于其他地区更加宽松。这有助于提高企业的运营效率，减少行政手续的繁琐程度，吸引国际企业在此设立业务。自由贸易港通常发展成为国际金融中心，吸引全球金融机构的设立。其提供了多元化的金融服务，包括银行、证券、保险等，促进了全球资本的自由流动。

自由贸易港通常在基础设施建设上投入较大，建设先进的港口、机场、物流园区等，以提升进出口货物的流通效率。高效的物流体系有助于降低贸易成本，增强自由贸易港的竞争力。

2. 机遇

由于贸易自由度高，自由贸易港成为国际贸易的重要枢纽。这为企业提供了更广阔的市场，促进了跨境贸易，使得自由贸易港在全球价值链中占据重要地位。自由贸易港的开放政策吸引了大量国际投资。外商投资自由度高，企业在此设立分支机构或进行投资可以更加顺利。自由贸易港的金融中心地位也为跨国企业提供了更便捷的融资渠道。

作为国际金融中心，自由贸易港为全球企业提供了多元化的金融服务。银行、证券、保险等金融机构在此设立，推动了全球资本的流动，为企业提供了更灵活的融资工具。自由贸易港通常注重科技创新，鼓励企业在创新领域投入。这为国际科技企业提供了合作与投资的机会，有助于推动全球科技合作，推动产业的创新和升级。

（三）新兴市场与自由贸易港的关系

新兴市场和自由贸易港在许多方面具有互补性。新兴市场通常有着庞大的市场和潜在的高增长率，而自由贸易港则提供了更为便利的贸易和投资环境，新兴市场需要吸引国际投资、推动产业升级，而自由贸易港则需要拓展市场、促进经济多元化。

新兴市场国家和自由贸易港可以通过建立合作关系，实现互利共赢。新兴市场可以借助自由贸易港的开放政策，提升本国产品在国际市场的竞争力。自由贸易港则可以通过与新兴市场的合作，获取更多的市场份额、拓展投资机会，促进本地产业的发展。

自由贸易港通常是国际资本的集聚地，而新兴市场则需要大量资金进行基础设施建设和产业升级。资本可以通过自由贸易港流入新兴市场，支持其经济发展。这种资本流动有助于促进新兴市场的经济增长，同时也使得自由贸易港在全球资本市场中更具吸引力。

（四）挑战与应对策略

尽管新兴市场与自由贸易港存在着许多机遇，但也面临一些挑战。

全球范围内贸易保护主义抬头，可能对新兴市场和自由贸易港的出口造成一定的制约。各国之间的贸易摩擦和贸易壁垒的增加，可能影响双方的贸易规模。全球经济不确定性因素增加，包括地缘政治紧张、全球供应链的变化、金融市场波动等，可能对新兴市场和自由贸易港的经济产生不利影响。经济不确定性可能导致投资者谨慎行为，减缓资本流动，影响企业的经济活动。

由于全球市场的竞争加剧，新兴市场和自由贸易港需要不断提升自身的竞争力。其他国家和地区也在争夺国际投资和贸易份额，因此，必须制定有效的战略，以应对激烈的市场竞争。在追求经济增长的同时，新兴市场和自由贸易港也面临着可持续发展的压力。社会、环境责任等方面的要求越来越高，需要在发展过程中平衡经济增长和可持续性的考量。

随着科技的发展，产业结构不断发生变化，对于新兴市场和自由贸易港而言，需要不断进行技术创新和产业升级，以适应新的经济形势。

应对这些挑战，可以采取以下策略：

（1）多元化经济结构

新兴市场和自由贸易港可以通过多元化经济结构，减少对特定行业的依赖，降低经济的风险。发展多元化的产业，提高经济的韧性。

（2）加强国际合作

面对全球经济不确定性和贸易保护主义，加强国际合作是重要的战略选择。与其他国家和地区建立更加牢固的经济合作关系，推动贸易自由化，共同维护多边贸易体系。

（3）提升科技创新能力

面对技术转变和产业升级的挑战，加强科技创新是关键。通过增加对研发的投资，建设创新基地，培养高素质的科技人才，提高自身的技术创新能力。

（4）注重可持续发展

在经济增长的同时，注重可持续发展，推动绿色经济、环保产业的发展。制定和执行环保法规，加强企业的社会责任，推动经济的可持续性。

（5）提高国际竞争力

通过提高教育水平、培养高素质人才，提升劳动力市场的竞争力。加强基础设施建设，提高物流效率，使得自由贸易港更具吸引力，成为国际企业和投资者的首选地。

新兴市场和自由贸易港在全球经济格局中具有重要地位，彼此之间存在着丰富的发展机遇。通过合作与互补，它们可以共同应对全球经济面临的挑战，推动本地区域和全球经济的繁荣。然而，也需要认识到其中存在的一些挑战，采取有效的策略来应对，实现可持续发展和长期竞争力。新兴市场和自由贸易港的成功发展将有助于推动全球经济的稳定与繁荣。

第三节　自由贸易港的经济贡献

一、自由贸易港对国际贸易的促进作用

自由贸易港作为一种特殊的经济区域，通过实行更加自由开放的贸易政策，提供灵活的经济环境，对国际贸易发挥着重要的促进作用。以下将深入探讨自由贸易港对国际贸易的促进作用，并分析其在全球经济中的地位和影响。

（一）自由贸易港的基本概念与特征

1. 自由贸易港的定义

自由贸易港是指在一定地域范围内，实行更加自由开放的贸易政策，通常采取低或零关税、减少非关税壁垒、提供宽松的外商投资政策等手段，吸引国际贸易和投资，推动本地经济的发展。自由贸易港通常具有先进的基础设施、高效的物流体系，以及灵活的法规和管理制度。

2. 自由贸易港的特征

（1）贸易自由度高

自由贸易港通常实行较低或零的关税，取消或减少非关税壁垒，提供更为开放的市场环境。这有助于促进国际贸易，吸引更多的外资和跨国企业。

（2）投资自由度高

自由贸易港通常对外商投资采取更宽松的政策，允许外资企业在自由贸易港内设立子公司、合资企业，或进行其他形式的投资，这吸引了大量国际投资流入。

（3）法规和管理制度的弹性

自由贸易港通常拥有更为灵活的法规和管理制度，相对于其他地区更加宽松。这有助于提高企业的运营效率，减少行政手续的繁琐程度。

（4）国际金融中心地位

自由贸易港通常发展成为国际金融中心，吸引全球金融机构的设立。它提供了多元化的金融服务，包括银行、证券、保险等，促进了全球资本的自由流动。

（5）先进基础设施与高效物流体系

自由贸易港通常在基础设施建设上投入较大，建设先进的港口、机场、物流园区等，以提高进出口货物的流通效率。高效的物流体系有助于降低贸易成本，增强自由贸易港的

竞争力。

（二）自由贸易港对国际贸易的促进作用

自由贸易港通过实行贸易自由度高的政策，大大扩大了市场准入的机会。降低关税和取消非关税壁垒使得进出口更加便利，吸引了更多的国际企业和贸易商参与。自由贸易港的投资自由度高，吸引了大量的跨国企业和国际投资。这些企业在自由贸易港内设立分支机构、进行投资，推动了资本的跨境流动，促进了全球投资的发展。

由于自由贸易港通常拥有先进的基础设施和高效的物流体系，贸易效率得到显著提高。货物能够更快速、更便捷地进出口，减少了交易成本，使得国际贸易更具吸引力。自由贸易港在法规和管理制度上的弹性，以及对知识产权的保护通常更加灵活，这为国际企业在自由贸易港进行产业升级和创新提供了更好的环境。企业在自由贸易港内更容易获取技术和专业知识，促进了产业的创新和提高。

自由贸易港通常作为全球供应链中的重要一环，通过其先进的物流和高效的贸易环境，为全球价值链的顺畅运转提供了支持。国际企业在自由贸易港内设立分支机构，参与到全球产业链中，促进了全球产业的合作和协调。自由贸易港通过吸引国际投资和企业，促进了本地经济的发展，提高了其在国际上的竞争力。自由贸易港成为国际企业和贸易商首选的地区之一，吸引了全球范围内的商业活动。

作为国际贸易的重要节点，自由贸易港加强了国际合作与交流，通过与其他国家和地区签署自由贸易协定，自由贸易港促进了国际贸易的自由化，推动了全球贸易的繁荣。

（三）自由贸易港在全球经济中的地位

自由贸易港由于其贸易自由度高、市场准入便利的特点，成为全球贸易的重要枢纽。国际企业通过在自由贸易港设立分支机构，可以更轻松地进入不同国家和地区的市场，形成全球化的商业网络[①]。

自由贸易港作为全球供应链的一部分，促进了全球产业分工和合作。国际企业在自由贸易港内的合作促进了跨国生产，使得生产过程更为高效，也使得全球贸易更加紧密相连。由于自由贸易港通常发展成为国际金融中心，其在全球金融市场中具有重要地位。各类金融机构在自由贸易港内设立，为全球资本的流动提供了便捷的通道，促进了国际金融的发展。

自由贸易港通常注重科技创新，吸引了大量高科技企业在此设立研发中心。这使得自由贸易港成为全球创新和科技发展的重要中心，推动了全球科技合作。自由贸易港在全球产业结构中的发展对全球产业格局产生了积极的影响。其灵活的法规和管理制度、高效的物流体系，使得全球产业更加有序地分工协作，推动了产业结构的优化和升级。

（四）自由贸易港的发展趋势与挑战

1. 发展趋势

自由贸易港在区域合作中扮演着重要角色。随着区域贸易协定的不断签署，自由贸

---

① 林溪发.海南自由贸易港税收优惠好帮手[M].厦门：厦门大学出版社，2021：78.

港与周边国家和地区的合作不断加强，形成更为密切的经济共同体。为了在全球经济中保持竞争力，自由贸易港将更加注重创新驱动的发展。加大对科技研发的投入，推动产业的创新和升级，成为引领全球发展的创新中心。

随着环保意识的不断增强，自由贸易港将更加注重绿色发展和可持续性。在经济增长的同时，努力降低环境影响，推动绿色技术和产业的发展。

2. 挑战

当前全球贸易保护主义抬头，一些国家采取贸易限制措施，可能对自由贸易港的出口和市场准入产生不利影响。应对这一挑战，自由贸易港需要通过加强国际合作，维护多边贸易体制，推动贸易自由化。

全球经济面临的不确定性因素增加，包括地缘政治紧张、金融市场波动、自然灾害等。这可能导致国际企业对投资和贸易持谨慎态度，对自由贸易港的经济活动产生影响。技术和产业的快速变革可能对自由贸易港的产业结构和竞争力带来挑战。自由贸易港需要不断调整产业布局，提升科技创新能力，以适应新的经济环境。

社会对环保和社会责任的要求越来越高，这对自由贸易港的企业经营提出了新的要求。自由贸易港需要更加重视可持续发展，推动环保产业的发展，履行社会责任。

3. 应对策略

为了降低对特定市场的依赖性，自由贸易港可以通过多元化市场布局，拓展贸易伙伴，开拓新兴市场，以减缓全球经济不确定性对其影响。面对技术和产业的变革，自由贸易港需要加大对创新和科技的投入。建设研发中心，推动技术创新，提高企业的科技水平，以保持竞争力。

在应对全球贸易保护主义和经济不确定性方面，自由贸易港需要加强国际合作。积极参与国际贸易组织，推动贸易自由化和多边贸易规则的制定。为了应对环境和社会责任的压力，自由贸易港可以制定绿色发展战略，鼓励企业采取环保措施，推动绿色产业的发展，实现经济增长与可持续发展的平衡。

二、经济增长与自由贸易港的关联性

经济增长和自由贸易港之间存在着紧密的关联性，自由贸易港作为一种特殊的经济区域，通过实行更加自由开放的贸易政策，提供灵活的经济环境，为经济的增长提供了有力支持。

（一）自由贸易港对贸易增长的推动作用

自由贸易港通常实行较低或零的关税，取消或减少非关税壁垒，提供更为开放的市场环境。这使得国际企业更容易进入自由贸易港，推动了贸易的自由化。贸易自由度的提高带动了贸易量的增长，为自由贸易港的经济创造了更大的市场机会。

自由贸易港通过吸引外商投资和国际企业，在其境内建设分支机构或设立业务，为本地企业提供了更广泛的贸易伙伴。这种增加的贸易伙伴关系拓展了市场的范围，提高了贸易的多样性，进一步推动了贸易的增长。

　　自由贸易港的投资自由度高，对外商投资提供了更宽松的政策环境。国际企业在自由贸易港内进行投资，推动了资本的跨境流动。这种跨境投资不仅带来了资金的流入，也促进了企业的技术创新和管理经验的传播，对经济的增长起到了积极的作用。

（二）自由贸易港在促进产业升级中的作用

　　自由贸易港通常吸引国际企业在其内设立分支机构，这些企业通常带来了先进的技术和管理经验。本地企业通过与国际企业的合作，能够学习和吸收国际先进的生产技术和管理经验，推动了本地产业的不断升级。

　　自由贸易港作为全球供应链中的重要一环，通过其高效的物流和开放的贸易环境，促进了全球产业链的协同发展。国际企业在自由贸易港内的合作推动了产业链的上下游协同，提高了产业链的整体效率和附加值。

　　面对国际竞争，自由贸易港通常采取鼓励创新的政策，以提高本地企业的竞争力。通过设立创新中心、提供研发资金等方式，自由贸易港为本地企业提供了创新的空间，推动了产业的技术创新和升级。

（三）自由贸易港对就业和收入的促进作用

　　自由贸易港的发展通常伴随着企业的增多和产业的升级，这为本地居民提供了更多的就业机会。国际企业在自由贸易港设立业务，需要雇佣本地员工，从而促进了就业的增长。由于自由贸易港通常引入了先进的生产技术和管理经验，提高了本地劳动生产率。高效的产业链和创新的生产方式使得单位劳动力能够创造更多的附加值，提高了就业岗位的质量。

　　自由贸易港的经济发展通常带动了居民的收入水平提升。通过创造更多的就业机会和提高劳动生产率，居民的收入得到了提高，从而拉动了消费水平和居民生活水平的提升。

（四）自由贸易港与国际金融中心的关系

　　自由贸易港通常具有宽松的金融政策和法规环境，吸引了大量国际金融机构在其设立分支机构。这些机构为自由贸易港提供了更多的金融服务，推动了金融中心的形成，自由贸易港内的金融机构通常能够提供全球范围内的金融服务，包括银行、证券、保险等，使得自由贸易港成为国际金融市场中的重要一员。作为国际金融中心，自由贸易港为全球资本提供了便捷的流动通道。资本在自由贸易港内流通自由，通过其金融机构，投资者可以更灵活地配置资产，推动了全球资本的自由流动。

　　自由贸易港的金融体系通常更加灵活，对企业融资提供了方便。企业可以通过自由贸易港的金融机构获得更多的融资渠道，推动了企业的投资和扩张。为了吸引国际金融机构和投资者，自由贸易港通常致力于提高金融服务水平。不仅在金融科技上进行创新，提供更高效的服务，同时也加强金融监管，保障金融市场的稳健运行。

（五）自由贸易港的挑战与应对策略

1.挑战

　　全球经济面临的不确定性因素增加，包括地缘政治紧张、贸易摩擦、金融市场波动等。

这些因素可能对自由贸易港的贸易和投资产生负面影响，增加了经济运行的不确定性。当前全球范围内贸易保护主义逐渐抬头，一些国家采取贸易限制措施，可能对自由贸易港的贸易活动产生阻碍。这对于依赖国际贸易的自由贸易港来说是一大挑战。

快速的技术和产业变革可能对自由贸易港的产业结构和竞争力带来挑战。自由贸易港需要不断升级自身的产业结构，提升科技水平，以适应新的经济环境。

2.应对策略

为了降低对特定市场的依赖，自由贸易港可以通过多元化市场布局，寻找新的贸易伙伴，拓展市场空间。这有助于分散经济风险，提高自由贸易港对外部环境变化的适应能力。面对技术和产业变革，自由贸易港需要加强科技创新能力，通过加大对研发的投资、培养高素质的科技人才，推动本地产业的技术升级和创新发展。

在面对全球经济不确定性和贸易保护主义时，加强国际合作是关键。积极参与国际贸易组织，推动多边贸易谈判，共同维护开放、自由的国际贸易体系。面对环境和社会责任的压力，自由贸易港可以制定和执行可持续发展战略。注重环保产业的发展，推动经济在增长的同时实现可持续发展。

三、自由贸易港对就业和投资的影响

自由贸易港作为一种特殊的经济区域，通过实行更加自由开放的贸易政策，对就业和投资产生了深远的影响。以下将深入探讨自由贸易港对就业和投资的影响，分析其在促进就业增长、吸引投资、推动经济发展等方面发挥的作用和机制。

（一）就业增长的机制

自由贸易港通常采取较宽松的外商投资政策，吸引了大量外资企业在其境内设立分支机构或进行投资。这一举措带来了新的企业，促进了本地经济的扩张，进而增加了就业机会。

由于自由贸易港提供更开放的市场环境和更灵活的法规制度，国际企业更愿意在自由贸易港内设立业务。这些企业的设立不仅推动了产业的发展，也为本地居民提供了更多的就业机会。自由贸易港作为全球产业链的一部分，通过其高效的物流和贸易环境，促进了全球产业链的发展。这意味着在自由贸易港内，涉及产业链的不同环节，例如生产、运输、销售等，都能够为本地创造更多的就业机会。

为了适应国际企业的需求，自由贸易港通常投入更多资源培养和提高本地劳动力的技能水平。这不仅有助于吸引更多的企业，也提高了本地劳动力的竞争力，增加了就业机会。

（二）投资的吸引与推动

自由贸易港通常对外商投资采取更宽松的政策，包括取消或减少关税、提供税收优惠等。这种投资自由度的提高吸引了大量国际投资者在自由贸易港内进行投资。作为国际金融中心的自由贸易港，其金融体系通常更加健全和发达。这为投资者提供了更多的融资渠道、更丰富的金融产品，吸引了更多的资金流入自由贸易港。

自由贸易港通常致力于创造良好的商业环境，包括减少行政手续、提供高效的服务、保护投资者权益等。这种良好的商业环境吸引了企业在自由贸易港内进行投资，推动了本地经济的发展。

国际企业在自由贸易港内设立业务通常会引入先进的生产技术和管理经验，这种技术和经验的引入不仅提升了自由贸易港本地企业的水平，也为投资者提供了更具吸引力的投资机会。

（三）经济发展与自由贸易港的相互促进

自由贸易港通过吸引外资企业、促进国际企业设立以及推动产业链的发展，有效增加了经济活动的水平。新设立的企业、投资项目以及产业链上下游的协同发展，为自由贸易港的经济注入了活力，推动了经济的增长。引入先进技术和管理经验，以及促进产业升级的措施，都有助于提高生产效率。自由贸易港内的企业在全球范围内更容易获取最新的生产技术，优化生产流程，提高产品和服务的质量，从而推动了整体生产效率的提高。

自由贸易港的发展通常伴随着企业的增多和产业的升级，为本地居民提供了更多的就业机会。这不仅提高了就业水平，还有助于改善居民的生计状况，拉动了消费水平的提升。

自由贸易港作为贸易自由度较高的地区，成为国际贸易的重要节点。其对外开放的市场、便捷的物流体系，以及广泛的贸易伙伴，促使自由贸易港成为全球贸易的枢纽，推动了国际贸易的繁荣。

（四）自由贸易港对就业的影响

自由贸易港的发展通常伴随着企业的设立和产业的升级，为本地居民提供了更多的就业机会。这不仅包括生产线上的工作，还包括管理、销售、技术研发等多个领域，增加了居民的就业机会。引入国际企业和先进技术，提高了劳动力的技能水平，从而提升了就业质量。新设立的企业通常需要高素质的员工，促使本地居民提升自身的职业技能，使得就业更具挑战性和竞争力[①]。

自由贸易港通常采取较为灵活的劳动力市场政策，更便于企业进行人员调配和管理。这种灵活性有助于提高企业的适应性，更好地应对市场变化，同时也为劳动力提供了更多的职业发展机会。

（五）自由贸易港对投资的影响

由于自由贸易港提供更宽松的投资环境，包括税收政策、法规制度等方面的优惠政策，吸引了大量外国企业进行直接投资，这种投资增加不仅带来了资金流入，还推动了本地产业的升级。作为国际金融中心，自由贸易港的金融体系通常更加健全和发达。这为投资者提供了更多的融资渠道、更丰富的金融产品，吸引了更多的资金流入自由贸易港。

自由贸易港通常注重科技创新，吸引了大量高科技企业在其内设立研发中心。这为投资者提供了创新投资的机会，有助于推动科技领域的发展，并创造更多的投资机会。

---

① 杨建清.贸易自由化对就业的影响[J].统计与决策，2003（10）：61-62.

（六）自由贸易港的挑战与应对策略

全球经济不确定性可能影响投资者的决策，降低他们对自由贸易港的投资意愿。为了应对这一挑战，自由贸易港可以采用以下策略：减少对特定市场的依赖，通过拓展贸易伙伴和市场，分散经济风险，提高对全球经济不确定性的适应能力。通过积极参与国际贸易组织、推动多边贸易规则的制定，加强与其他国家和地区的合作，维护开放的国际贸易体系。

全球范围内的贸易保护主义可能对自由贸易港的贸易活动产生阻碍，影响投资者的决策。为了应对这一挑战，可以采取以下策略：自由贸易港可以通过积极倡导自由贸易的理念，参与国际贸易谈判，推动贸易自由化，争取更加公平的贸易环境。加强与其他国家和地区的多边合作，形成联盟，共同抵制贸易保护主义的行为，为自由贸易港争取更有利的国际贸易环境。

快速的技术和产业变革可能对自由贸易港的产业结构和竞争力带来挑战。为了应对这一挑战，可以采取以下策略：自由贸易港可以加大对创新和科技的投入，建设研发中心，鼓励企业进行技术创新，提升本地产业的竞争力。鼓励企业进行数字化转型，应用先进的信息技术，提升生产效率和管理水平，以适应数字化时代的产业变革。

社会对环保和社会责任的要求增加，可能对企业经营产生影响。为了应对这一挑战，可以采取以下策略：自由贸易港可以制定绿色发展战略，鼓励企业采取环保措施，推动绿色产业的发展，实现经济增长与可持续发展的平衡。鼓励企业履行社会责任，参与社会公益事业，提升企业的社会形象，满足社会对企业社会责任的期望。

自由贸易港对就业和投资产生了深远的影响，通过吸引外资企业、推动国际企业设立、推动产业链的发展等方式，为本地经济创造了更多的就业机会和投资机会。自由贸易港的发展不仅提高了就业质量、推动了生产效率的提升，还为国际投资者提供了更灵活的投资环境，促进了经济的发展。

然而，自由贸易港在面临全球经济不确定性、贸易保护主义、技术和产业变革、环境和社会责任压力等方面也面临一系列挑战，通过采取多元化市场布局、加强国际合作、加大创新投入、制定绿色发展战略等策略，自由贸易港可以更好地应对这些挑战，保持经济的稳定增长，实现可持续发展的目标。

第四节　自由贸易港品牌建设的必要性

一、品牌建设在自由贸易港发展中的作用

在当今全球化的经济环境中，自由贸易港的发展成为促进国际贸易和经济增长的关键要素。在这一背景下，品牌建设作为一种战略性的手段，对于自由贸易港的可持续发展具有重要作用。

（一）品牌建设对吸引投资的作用

品牌建设是树立自由贸易港国际形象的关键因素之一。一个强大、有吸引力的品牌能够在全球范围内树立该地区的良好声誉。国际投资者通常更倾向于投资于具有良好国际声誉的地区，因此品牌建设可以为自由贸易港创造一个积极的投资环境。

建设强大品牌有助于提升自由贸易港的商业信誉度。在商业交往中，信任是企业成功的基石。通过建设信誉良好的品牌，自由贸易港能够赢得国际投资者和贸易伙伴的信任，从而更容易获得资金支持和商业机会。

强大的品牌形象能够吸引跨国公司在自由贸易港设立总部或分支机构。这种吸引力不仅体现在商业环境的好坏，更在于品牌所传递的价值和文化，通过吸引跨国公司，自由贸易港可以促进本地产业的多元化和升级。

（二）品牌建设对贸易促进的作用

品牌建设通过广告、宣传等手段提高产品的认知度，从而增加产品在国际市场上的竞争力。当自由贸易港的产品在国际市场上拥有较高的知名度时，将更容易进入新市场并吸引更多国际消费者。建设强大品牌有助于建立更稳固的贸易伙伴关系。国际贸易往往需要建立长期的商业伙伴关系，而具有良好品牌形象的自由贸易港更容易赢得国际伙伴的信任，促进双边贸易的发展[①]。

品牌建设可以帮助自由贸易港在激烈的国际市场中脱颖而出。通过打造独特的品牌形象，自由贸易港能够在同类产品中获得竞争优势，进而提升在全球市场上的竞争力。

（三）品牌建设对地区形象的塑造

品牌建设可以成为文化交流与融合的桥梁。通过传递具有地域文化特色的品牌形象，自由贸易港有机会将本地独特的文化价值传递给国际社会，实现文化的互相理解与融合。强大的品牌形象通常伴随着企业的社会责任和可持续发展理念。自由贸易港通过品牌建设不仅可以传递商业信息，还能够倡导社会责任，推动可持续发展，为地区发展注入更多积极的能量。

品牌建设有助于塑造自由贸易港为国际化城市的形象。国际化的城市形象将吸引更多国际游客、商业活动和文化交流，从而推动地区经济的繁荣。

在自由贸易港的发展过程中，品牌建设发挥着多重作用，涉及吸引投资、促进贸易和地区形象的塑造。通过建设强大的品牌形象，自由贸易港能够在全球舞台上获得更多机会，实现经济的可持续发展。因此，品牌建设应成为自由贸易港发展战略的重要组成部分，得到充分关注和支持。

二、国际市场竞争中的品牌价值

在当今全球化的商业环境中，品牌价值在国际市场竞争中扮演着至关重要的角色。随

---

① 娄雪松.科技服务企业品牌管理的发展与改进[J].现代企业，2021（12）：28-29.

着市场的不断扩大和消费者对品牌的更高期望，品牌价值不仅仅是一个企业的标志，更是一种经济资产和市场竞争力的象征。

（一）品牌价值的定义与构成

品牌价值是指消费者对于一个品牌的认知、信任和忠诚程度，以及品牌在市场上的影响力和竞争力。一个成功的品牌通常能够创造出高度认知和积极的消费者情感，进而在市场上脱颖而出。

品牌价值的构成要素包括品牌知名度、品牌忠诚度、品牌信任度、品牌关联度等。这些要素相互作用，共同塑造了一个品牌在市场中的价值，品牌知名度是消费者对品牌的认知程度，品牌忠诚度体现了消费者对品牌的忠诚和重复购买行为，品牌信任度则是建立在品牌提供可靠产品和服务的基础上。

（二）品牌价值在国际市场竞争中的重要性

在国际市场上，产品同质化的情况较为普遍，品牌成为企业在竞争中脱颖而出的关键。具有独特品牌价值的企业能够通过差异化竞争赢得消费者的青睐，从而提高市场份额。品牌价值的提升有助于建立消费者对品牌的信任。在国际市场上，因为信息不对称和文化差异，建立可信赖的品牌形象尤为重要。消费者更愿意选择那些具有高品牌价值的产品，因为他们相信这些品牌能够提供高质量的产品和服务。

品牌价值是国际化营销的有力支撑。在进入不同国家和文化背景的市场时，品牌价值成为企业与消费者建立连接的桥梁。消费者更容易接受并信任那些具有强大品牌价值的国际品牌，从而推动企业在国际市场上的扩张。

·（三）国际市场竞争中提升品牌价值的策略

企业需要制定清晰的品牌战略规划，包括品牌定位、品牌扩张和品牌创新。明确品牌的核心价值和目标受众，有助于提高品牌的一致性和稳定性，进而提升品牌价值。积极而有效的国际化品牌传播是提升品牌价值的关键。通过跨国广告、社交媒体营销等手段，企业可以将品牌形象传递到不同的国际市场，提高品牌的知名度和认知度。

在国际市场中，关注消费者体验是提升品牌价值的不可或缺的因素。提供高品质的产品和服务，建立良好的售后服务体系，能够增强消费者对品牌的好感度，进而提高品牌忠诚度。

（四）品牌价值对企业和消费者的影响

具有高品牌价值的企业更容易吸引消费者，从而提高市场份额。拥有高品牌价值的产品通常能够支持更高的价格，提高企业的盈利能力。高品牌价值为企业提供了更多的发展机会，支持企业实现全球范围内的扩张和多元化发展。

消费者更愿意购买并信任具有高品牌价值的产品，从而提升购物信心。高品牌价值的产品通常伴随着更好的质量和服务，使消费者在购物过程中获得更好的体验。消费者通过选择具有高品牌价值的产品来表达个人品味和身份认同，品牌成为一种文化符号。在国际市场竞争中，品牌价值不仅仅是企业成功的关键，也是消费者购物决策的重要因素。通过巧妙的品牌战略规划、国际化传播和注重消费者体验，企业可以在激烈的国际市场中取得竞争优势。未来，品牌建设将更加注重个性化、可持续发展和数字化技术的应用，为企业在国际舞台上赢得更多机遇。品牌不仅仅是一个商业标志，更是一种文化符号和消费者认同的象征。

三、自由贸易港品牌对外形象的重要性

自由贸易港作为全球经济的重要组成部分之一，其品牌对外形象扮演着至关重要的角色。在当今全球化的背景下，自由贸易港的品牌形象不仅仅是经济发展的象征，更是一个国家或地区在国际上的门面和形象代表。

（一）自由贸易港品牌对外形象的重要性

自由贸易港的品牌对外形象直接关系到其在国际上的经济引领作用。一个强大、具有国际竞争力的品牌能够吸引更多的投资、贸易合作和商业机会。品牌形象的积极与否直接影响着自由贸易港的经济繁荣程度。

自由贸易港的品牌形象是国际投资者决策的一个重要因素，一个信誉良好、形象积极的自由贸易港品牌，能够吸引更多的国际资本流入，推动本地产业的发展。相反，负面的品牌形象可能导致投资者回避，影响经济的发展。

自由贸易港需要在国际上建立稳固的贸易伙伴关系，而品牌对外形象是影响贸易伙伴选择的关键因素之一。一个正面的品牌形象有助于建立信任，推动双边贸易合作。国际合作伙伴更倾向于与信誉良好、形象正面的自由贸易港开展业务。

（二）自由贸易港品牌对外形象的建设策略

自由贸易港需要明确其品牌的定位，强调独特性和核心价值。清晰的品牌定位有助于在国际上建立起自由贸易港特有的形象，让人们对其有更深入的了解。通过国际化的品牌传播，自由贸易港能够将其品牌形象传递到全球范围内。这包括通过广告、社交媒体、国际活动等渠道，使更多国际受众了解自由贸易港的优势和机会。

建设自由贸易港品牌对外形象不仅仅是传递信息，更需要注重营造积极的品牌体验。这包括在投资环境、贸易流程、文化交流等方面提供更好的体验，以保证国际合作伙伴对自由贸易港的整体感受是积极的。在当今社会，社会责任和可持续发展已经成为品牌形象的重要组成部分。自由贸易港需要强调其在环保、社会责任等方面的努力，以树立一个积极向上的品牌形象。

（三）自由贸易港品牌对外形象的影响因素

政府的政策和法规对自由贸易港品牌形象有直接影响。政策的稳定性和支持度能够增强品牌形象的可信度，吸引更多的国际投资。自由贸易港的经济发展水平是品牌形象的重要因素。一个繁荣、稳健的经济环境有助于形成积极的品牌形象，反之则可能受到负面影响。

文化和社会背景对于品牌形象的塑造也具有重要作用。自由贸易港需要在国际舞台上

展现本地文化的魅力，同时尊重和融入不同文化，以建立包容性的品牌形象。自由贸易港需要建立有效的品牌管理与治理体系，确保品牌形象的一致性和稳定性。良好的品牌管理有助于防范品牌形象受损的风险，提高国际社会对自由贸易港的信任度。

（四）自由贸易港品牌对外形象的挑战与应对策略

自由贸易港面临着来自国际政治和经济形势的变化，这可能对品牌形象产生负面影响。为应对这一挑战，自由贸易港需要灵活的品牌管理策略，及时应对外部变化，保持品牌的稳定性。

随着越来越多的自由贸易港崛起，全球竞争变得更为激烈，品牌同质性成为一个挑战。应对策略包括通过创新和突出独特卖点，使品牌在同质性市场中脱颖而出。

随着社会对可持续发展的关注不断增加，自由贸易港需要确保其品牌形象与可持续性理念相一致。定期评估和更新品牌形象，强调可持续发展的努力，有助于应对这一挑战。

自由贸易港在国际市场中可能面临文化差异和不同国家对其品牌的认知度不同的问题，建立跨文化的品牌传播策略，增加国际宣传力度，有助于解决这一挑战。

（五）自由贸易港品牌对外形象的未来发展趋势

未来，随着数字化技术的发展，自由贸易港将更加注重数字化品牌建设。通过互联网、社交媒体等渠道，实现更广泛、直接的品牌传播，以适应数字化时代的趋势。

随着科技创新的加速发展，自由贸易港品牌将更强调创新和科技引领。通过在高新技术领域的发展，塑造更具前瞻性和领先性的品牌形象。

未来，社会责任将成为品牌形象不可或缺的一部分。自由贸易港将更加重视在环保、社会公益等方面的努力，以强化其在国际上的积极形象。

随着可持续发展理念的普及，自由贸易港将强调其可持续发展的努力，包括绿色经济、低碳发展等方面，以满足国际社会对环保和可持续性的期望。

自由贸易港品牌对外形象的建设不仅关系到其在国际舞台上的地位，更直接影响到其经济繁荣和社会发展。通过清晰的品牌定位、国际化的品牌传播、注重品牌体验以及社会责任和可持续发展的努力，自由贸易港可以塑造积极向上的品牌形象，吸引更多的国际投资、贸易机会和人才。在面对挑战时，灵活的品牌管理策略、创新和突出独特卖点的策略，以及对文化差异和全球竞争的适应性，都是成功的关键。

未来，数字化技术的发展将成为品牌建设的重要趋势，自由贸易港需要更加注重数字化品牌建设，通过互联网和社交媒体等渠道实现更广泛的品牌传播。同时，强调创新和科技、加强社会责任和可持续发展将是品牌发展的重要方向。这不仅有助于适应未来社会和市场的需求，也有助于提高自由贸易港在全球的品牌价值和影响力。

综上所述，自由贸易港品牌对外形象的建设是一个复杂而长期的过程，需要综合考虑经济、政治、文化等多方面的因素。通过不断努力，自由贸易港可以在国际竞争中取得优势，成为全球经济中的引领者，为本地和全球社会创造更多的价值，品牌不仅仅是一个商业标志，更是自由贸易港在国际舞台上的形象代表和价值象征。

第五节　国际市场对自由贸易港的认知

一、国际市场对自由贸易港的期望

自由贸易港作为国际经济体系的一部分，在全球化的时代背景下，受到了国际市场的广泛关注和期望。国际市场对自由贸易港有着诸多期望，涵盖了经济、贸易、社会、环境等多个方面。

（一）经济方面的期望

国际市场期望自由贸易港保持高度的开放度和自由度。这包括开展自由的贸易政策、吸引外国投资、降低贸易壁垒等。通过更加自由的贸易环境，自由贸易港能够吸引更多国际企业，推动本地经济的发展。

国际市场期望自由贸易港能够实现经济的繁荣和提升创新能力。在全球化竞争中，自由贸易港需要不断推动产业升级、创新科技，以维持在国际市场中的竞争力。国际市场期望自由贸易港能够成为国际投资的热门目的地。通过提供良好的投资环境、稳定的法治体系和优惠的政策，自由贸易港能够吸引更多的国际投资，推动本地经济的发展。

国际市场对自由贸易港有望实现可持续发展和绿色经济的期望。这包括在经济增长的同时，注重环保和社会责任，推动可持续的发展模式，满足国际社会对环保和可持续性的期望。

（二）贸易方面的期望

国际市场期望自由贸易港积极支持自由贸易和多边主义。通过参与国际贸易组织、签署自由贸易协定，自由贸易港能够促进全球贸易合作，推动贸易自由化，受益于国际贸易体系。

国际市场期望自由贸易港降低贸易壁垒，包括关税、非关税壁垒等。这有助于促进国际贸易的畅通，提高商品和服务的流通效率，使自由贸易港更具竞争力。国际市场期望自由贸易港能够积极拓展贸易伙伴关系。通过与更多国家和地区建立合作关系，自由贸易港能够扩大贸易伙伴网络，开拓更多市场，增加出口机会。

国际市场对自由贸易港在数字贸易和电子商务方面有更高的期望。通过推动数字化贸易、发展电子商务，自由贸易港能够更好地适应数字化时代的贸易模式，提升贸易效率。

（三）社会方面的期望

国际市场期望自由贸易港能够吸引和培养高素质的人才，通过提供优质的教育、研发环境，自由贸易港能够培养出更多的专业人才，推动经济和社会的发展。

国际市场期望自由贸易港实现社会公平和包容性。这包括提供平等的机会、减少社会不平等，使经济发展成果更加公平地惠及社会各阶层。国际市场对自由贸易港有望履行社会责任，推动可持续发展。通过参与社会公益活动、支持环保项目，自由贸易港能够树立积极的社会形象，赢得国际社会的认可。

国际市场期望自由贸易港能够促进文化交流和国际合作。通过开展文化交流活动、推动国际间的合作项目，自由贸易港能够增进国际理解，促进世界和平与发展。

（四）环境方面的期望

国际市场对自由贸易港有望在环保和生态可持续性方面发挥积极作用。通过推动绿色产业、减少碳排放，自由贸易港能够提高环境保护的水平，满足国际社会对可持续发展的期望。国际市场期望自由贸易港能够实现资源的有效利用和推动循环经济。通过提倡资源节约、减少浪费，自由贸易港有望建设更为可持续的经济体系，减轻对自然资源的压力。

国际市场对自由贸易港有望在应对气候变化方面发挥积极作用，通过采取减排措施、支持清洁能源等举措，自由贸易港能够在国际上扮演应对气候变化的示范角色，得到国际社会的认可。

国际市场期望自由贸易港能够积极参与生物多样性的保护。通过创建自然保护区、推动生态修复工程，自由贸易港有助于维护生物多样性，对环境产生积极影响。

（五）政治和国际地位方面的期望

国际市场期望自由贸易港积极参与国际合作和支持多边主义。通过参与国际组织、遵守国际法规，自由贸易港有望在国际事务中发挥建设性作用，提高其国际声望。国际市场期望自由贸易港能够为维护国际和平与安全作出贡献。通过支持和平解决国际争端、参与维和行动，自由贸易港有助于促进全球的稳定与和平。

国际市场期望自由贸易港能够积极塑造良好的国际形象。通过外交手段、文化交流等方式，自由贸易港有望在国际上展示积极、开放、包容的形象，提高国际认可度。国际市场期望自由贸易港参与全球事务，为国际治理做出积极贡献。通过参与国际组织、提出建设性倡议，自由贸易港能够加强国际合作，促进全球治理体系的完善。

（六）面临的挑战与应对策略

面临国际政治风险，如贸易战、国际关系紧张等可能对自由贸易港产生负面影响。建立灵活的政治风险评估机制，及时调整政策应对外部变化，寻求多边合作，维护国际和谐与稳定。

全球经济波动对自由贸易港的出口、投资等经济活动带来不确定性。建立弹性的经济体系，注重多元化经济结构，加强与不同国家的经济合作，降低对特定市场的依赖。

国际市场的激烈竞争可能使自由贸易港面临更大的压力。强调创新，提升产品和服务的附加值，注重品牌建设，寻求差异化竞争优势，拓展市场份额。

面临气候变化、传染病爆发等全球性问题，对社会、经济产生广泛影响。积极参与国际合作，共同应对全球性挑战，制定可持续发展计划，加强国际卫生与环境合作。

（七）未来发展趋势

未来，随着数字化技术的不断发展，自由贸易港将更加重视数字化建设。通过推动数字经济、发展电子商务，提升数字治理水平，适应数字化时代的经济模式。未来，自由贸易港将更加注重可持续发展。通过绿色产业的发展、生态环保措施的加强，实现经济发展与环保的平衡，推动可持续经济的建设。

未来，自由贸易港将继续支持多边主义。通过积极参与国际组织、支持多边贸易体系，促进国际合作和共赢，维护多边主义的国际秩序。未来，自由贸易港将深度参与全球价值链。通过提升产业链水平、积极参与国际分工，自由贸易港能够在全球价值链中发挥更加重要的作用，提高自身产业附加值。

未来，社会责任将成为自由贸易港发展的不可或缺的一部分，通过注重企业社会责任、推动社会公平、关注可持续发展，自由贸易港将强化在社会层面的积极影响。未来，自由贸易港将寻求更多元化的国际合作伙伴。通过与不同国家和地区建立更广泛的合作关系，自由贸易港能够降低单一市场风险，拓展合作机会。

未来，自由贸易港需要更加注重政策创新和协调。通过灵活的政策调整、提出具有前瞻性的政策，自由贸易港能够更好地适应国际形势的变化，保持竞争力。国际市场对自由贸易港有着多方面的期望，覆盖了经济、贸易、社会、环境等多个领域。自由贸易港需要在满足这些期望的同时，面对诸多挑战，制定灵活的应对策略，不断适应国际市场的变化。

未来，数字化时代的来临将使自由贸易港更加注重数字经济和电子商务的发展；可持续发展将成为引领发展的主导理念，涉及经济、社会和环境的多方面内容；多边主义和全球合作将成为国际事务的基调，自由贸易港需要积极参与并为全球治理体系做出贡献。在应对国际市场期望的同时，自由贸易港需要在政治、经济、社会等各个层面建立合理的协调机制，注重国际形象的建设，强化社会责任，积极推动可持续发展。通过全面提升国际竞争力、深度融入全球经济体系，自由贸易港有望在未来的发展中实现更加稳健和可持续的增长。

二、自由贸易港在国际舞台上的形象定位

自由贸易港在国际舞台上的形象定位至关重要，它直接影响到国际社会对该地区的认知、投资意愿以及国际合作的深度。

（一）核心价值观与使命

自由贸易港的核心价值观之一是开放与自由。作为自由贸易港，其经济政策开明，积极推动自由贸易、降低贸易壁垒，为国际企业提供开放的市场和投资环境。自由贸易港以创新和科技引领为使命。通过加强科技创新、推动产业升级，自由贸易港致力于成为国际科技前沿的引领者，提高自身产业附加值和全球竞争力。

自由贸易港注重可持续发展和社会责任。在经济发展的同时，自由贸易港致力于环保、社会公益等方面的努力，以实现经济增长与社会责任的平衡。自由贸易港将国际合作与多

边主义视为核心价值，通过积极参与国际组织、签署自由贸易协定，自由贸易港促进多边合作，支持国际体系的稳定与发展。

（二）战略定位与特色

自由贸易港将自身定位为国际贸易的枢纽，通过优越的地理位置和高效的物流体系，成为连接各大洲、实现全球贸易流通的重要节点。这一战略定位使其在全球价值链中发挥关键作用。自由贸易港的战略定位包括成为科技创新的中心。通过加大研发投入、推动科技成果转化，自由贸易港努力在高科技产业中占据领先地位，吸引国际科技企业和创新人才。

自由贸易港将金融与投资作为重要的战略定位。通过建设国际金融中心、提供便利的投资环境，自由贸易港吸引全球资金流入，成为国际投资的重要聚集地。自由贸易港以可持续发展示范区为目标。通过实施绿色产业政策、倡导低碳生活方式，自由贸易港努力成为可持续发展的典范，引领全球可持续经济发展方向。

（三）品牌特色与国际认知

自由贸易港的品牌特色之一是"新加坡品牌"。新加坡以其在经济、科技、文化等方面的独特性，成为国际上备受瞩目的品牌。自由贸易港紧扣新加坡这一国际化城市的形象，强化其品牌的国际认知度。自由贸易港致力于打造创新科技品牌。通过推动科技研发、吸引高科技企业，自由贸易港希望在国际上树立起科技创新的卓越形象，成为引领未来科技发展的品牌。

自由贸易港以贸易与物流领域的领导者为品牌特色，通过优越的贸易体系和高效的物流网络，自由贸易港在国际舞台上被认可为全球贸易与物流的中心，成为全球供应链的关键组成部分。自由贸易港构建绿色可持续品牌。通过注重环保、推动绿色产业、倡导可持续发展理念，自由贸易港在国际上形成积极的环保形象，得到国际社会的认可。

（四）未来发展方向

未来，自由贸易港将加速数字化转型，推动智能科技的发展。通过引入人工智能、大数据等前沿技术，提升产业水平，实现经济结构的数字化和智能化升级。未来，自由贸易港将深度参与全球价值链。通过不断加强产业链的深度参与，加大研发投入，自由贸易港将在全球价值链中发挥更为关键的作用，提升产业附加值，吸引更多国际企业的投资和合作。

未来，自由贸易港将持续注重可持续发展和绿色经济。通过推动清洁能源产业发展、减少碳排放，自由贸易港将在可持续性方面展现更多的创新和实践，以应对全球环境挑战。未来，自由贸易港将继续拓展国际金融服务。通过建设更为完善的金融体系、提供创新金融产品，自由贸易港有望成为全球金融服务的重要枢纽，吸引更多国际资金流入。

未来，自由贸易港将强化社会责任与公益事业。通过参与社会公益项目、支持教育、医疗等领域的发展，自由贸易港将不仅在经济层面有所突破，同时在社会责任方面展现引领力。未来，自由贸易港将更加积极参与国际合作与全球治理。通过支持多边主义、参与国际组织，自由贸易港有望在国际事务中发挥更为积极的角色，推动国际体系的完善。

（五）面临的挑战与应对策略

全球贸易环境的不确定性可能对自由贸易港的国际形象产生负面影响。创建灵活的贸易政策、加强与多个国家的贸易伙伴关系，降低对特定市场的依赖，及时应对国际贸易的波动。

全球经济的波动对自由贸易港的产业和投资带来风险。多元化经济结构，注重提高产业链的韧性，积极参与全球价值链，降低对特定经济领域的依赖。

全球科技竞争的激烈可能对自由贸易港的科技创新和产业转型构成挑战。加强科技创新投入，提高自主创新能力，与国际科技企业建立合作伙伴关系，引进先进技术，保持在科技领域的领先地位。

全球对社会责任和可持续发展的关注日益增加，自由贸易港需要更好地履行社会责任。强化企业社会责任，参与环保和社会公益项目，制定可持续发展战略，提高社会形象。

国际政治风险的加剧可能对自由贸易港的国际形象和稳定发展构成威胁。建立政治风险预警机制，积极参与国际政治事务，通过外交手段缓解潜在的国际政治压力。

自由贸易港在国际舞台上的形象定位不仅关系到本地区的经济繁荣与稳定，而且也对全球经济体系的发展产生着深远的影响。通过明确核心价值观、制定清晰的战略定位、突出品牌特色，自由贸易港有望在国际竞争中脱颖而出。

未来，应持续关注国际经济和政治环境的变化，灵活调整发展策略，加强国际合作，履行社会责任，实现经济、社会和环境的可持续发展。在全球化的时代，自由贸易港将以更加开放、创新、可持续的形象，不断拓展在国际舞台上的影响力，为本地区和全球经济发展作出更大的贡献。

三、国际市场认知对品牌推广的影响

国际市场认知对品牌推广有着深远的影响。随着全球化的不断加深，企业在国际市场上的形象与认知直接关系到品牌的竞争力和市场份额。

（一）国际市场的特点

国际市场的特点之一是多元文化和多语言环境。不同国家和地区拥有独特的文化背景和语言习惯，企业在品牌推广时需要考虑这些因素，以保证品牌信息的准确传达和适应当地文化。国际市场的竞争程度较高。不同国家和地区的企业竞争力各异，品牌在国际市场上需要面对更加激烈的竞争，因此品牌推广需要更为巧妙和有针对性。

不同国家和地区的法规和政治环境存在较大差异。企业在进行品牌推广时需要考虑到当地的法规和政治背景，以避免可能的法律风险和政治敏感问题。

国际市场中存在着不同的消费习惯和心理差异。人们对产品和品牌的看法受到文化和社会背景的影响，品牌推广需要根据当地的消费心理和行为习惯进行定制。

（二）国际市场认知对品牌形象的塑造

在国际市场推广品牌时，建立全球一致的品牌形象是至关重要的。通过统一的品牌标识、品牌口号和品牌色彩，使消费者在不同国家间能够迅速识别和联想到品牌，从而增强品牌的认知度。

国际市场中的不同文化背景对品牌形象有着直接的影响，品牌推广需要深入理解并尊重当地的文化，避免因文化差异而引起的误解或负面反响。在品牌形象塑造中融入当地文化元素，有助于提升品牌的亲和力和接受度。

国际市场上不同国家和地区的市场需求存在较大差异，因此品牌推广需要根据当地市场的特点进行定制化的市场定位。通过了解目标市场的消费者需求，调整产品特性和推广策略，提高品牌在当地市场的吸引力。品牌的价值观对于国际市场认知至关重要。企业需要清晰地明确自身的品牌价值观，并通过品牌推广手段有效地传达给消费者。在国际市场中，品牌的社会责任、可持续发展等方面的价值观也需要得到强调，以赢得消费者的认可和支持。

（三）国际市场认知对品牌推广策略的影响

在国际市场中，数字化推广是一种高效且普遍适用的策略。通过跨平台的数字化推广，可以覆盖更广泛的受众，同时结合不同平台的特点进行有针对性的内容创作，提高品牌的曝光度和认知度。

社交媒体在国际市场推广中具有举足轻重的地位。本土化的社交媒体营销策略，即在不同国家和地区选择适合当地文化和语境的社交媒体平台，以及制作符合当地口味的内容，有助于提高品牌在社交媒体上的关注度和传播效果。

通过举办全球化的品牌活动，企业可以吸引国际市场的关注，加深品牌在全球范围内的认知度。这些品牌活动可以是线上的全球发布会、线下的品牌体验活动等，旨在打破国界限制，实现品牌的全球传播。

国际市场推广需要针对不同国家和地区定制化的广告宣传策略。通过了解当地的广告传播方式、消费者的喜好以及广告审查制度等，制定更为切合实际的广告宣传方案，提高广告的有效性。

（四）国际市场认知对品牌推广策略的影响

在国际市场推广中，与当地企业和机构进行合作是一种有效的策略。通过与当地企业合作，品牌可以更好地融入当地市场，借助合作伙伴的资源和网络，提升品牌在国际市场的知名度。

国际市场的快速变化要求企业定期进行品牌调研，了解消费者的反馈和市场动态。通过收集数据和消费者意见，企业可以及时调整品牌推广策略，以适应国际市场的变化，提高品牌的竞争力。在国际市场，品牌可能面临不同国家和地区的政治、文化以及法律等多方面的挑战。因此，建立健全的品牌危机管理与公关策略至关重要，及时应对负面事件，维护品牌声誉，是国际市场推广中不可忽视的一环。

国际市场认知对品牌推广产生着重要而深远的影响。在推广过程中，品牌需要根据国际市场的特点，通过建立全球一致的品牌形象、理解和尊重当地文化、制定定制化的推广策略等手段，提升品牌在全球范围内的认知度和美誉度。

第二章 品牌形象设计理论基础

第一节 品牌形象的概念与内涵

一、品牌形象的定义与要素

品牌形象是指消费者对于一个品牌的总体印象和认知，是品牌在消费者心中留下的独特印记。一个成功的品牌形象能够为企业赢得消费者信任、提高市场竞争力。

（一）品牌形象的定义

品牌形象是消费者对于一个品牌所形成的认知、感知和情感的集合。它是通过品牌的各种营销活动、产品质量、企业文化等多方面因素共同塑造而成。品牌形象不仅仅是企业对外传达的信息，更是消费者在心中创建的品牌认知和印象[①]。

一个良好的品牌形象能够在激烈的市场竞争中脱颖而出，吸引并保留消费者，形成品牌忠诚度。品牌形象的建立需要长时间的积累和维护，是品牌管理中至关重要的一环。

（二）品牌形象的要素

品牌标识是品牌形象的核心要素之一。它包括品牌的标志、商标、logo 等标识性符号。这些标识性符号是品牌的直观表现，能够帮助消费者快速识别品牌。一个独特而富有识别度的品牌标识有助于品牌在市场中的突显，成为品牌形象的视觉代表。

品牌声音是通过品牌的语言和声音表达出来的，包括广告口号、品牌语调、品牌宣传语等。一个一致而有特色的品牌声音能够在消费者心中建立起品牌的语感和情感连接，形成品牌独有的语言风格。

品牌文化是指企业内部的核心价值观和文化氛围，以及企业与外部环境的互动。一个积极向上、有责任感和社会责任感的品牌文化能够深刻影响消费者对品牌的认知，提升品牌形象。

品牌故事是品牌形象中的情感表达，通过叙述品牌的历史、创始人故事、产品背后的

---

① 万力维，常文磊. 自由贸易港建设背景下海南职业本科教育人才培养研究 [M]. 北京：对外经济贸易大学出版社，2022：97.

故事等，使品牌更加具有人情味和亲和力。一个引人入胜、真实感人的品牌故事有助于激发消费者的情感共鸣，建立深层次的品牌认同感。

品牌形象的建立离不开实际的产品质量和性能。消费者通过产品的使用体验形成对品牌的印象，好的产品质量和性能是品牌形象的有力支撑。品牌通过持续提高产品的质量和性能，赢得消费者的信任，进而塑造品牌形象。

品牌形象的定位决定了品牌在市场中的位置和角色。通过明确的市场定位，品牌可以更好地满足目标消费者的需求，形成独特的品牌印象。一个清晰而恰当的市场定位有助于品牌在市场中找到自己的位置，与竞争对手区别开来。

品牌关系是品牌与消费者之间创建的情感连接。通过建立积极的品牌关系，品牌可以获得忠诚度、口碑传播和用户参与度。消费者在品牌中找到了自己的共鸣点和情感依托，形成稳固的品牌关系。

品牌承诺是品牌对消费者做出的一系列承诺，包括对产品质量的承诺、对服务的承诺、对社会责任的承诺等。一个能够履行承诺、让消费者感受到品牌真诚付出的品牌形象，能够赢得消费者的信赖。

（三）品牌形象的建立和管理

在建立品牌形象之前，企业需要进行全面深入的市场研究，了解目标消费者的需要、市场竞争状况、潜在的机会和威胁等因素[1]。通过市场研究，企业可以更好地把握市场动态，为品牌形象的建立提供有力支持。在建立品牌形象时，明确品牌的定位和差异化是关键步骤。企业需要确定自己在市场中的定位，找到与竞争对手的区别，明确品牌的独特卖点。清晰的品牌定位和差异化，可以在激烈的市场竞争中脱颖而出，为品牌形象的塑造奠定基础。

品牌形象的建立需要通过一致性的品牌传播来实现。品牌传播包括广告、公关、社交媒体等多个渠道，需要保持一致的品牌信息、形象和语言风格。一致性的品牌传播有助于形成深刻的品牌印象，提高品牌的认知度和记忆度。随着市场的变化和消费者的需求不断演变，品牌形象也需要不断创新和更新。企业可以通过引入新的品牌元素、更新标志性符号、创新产品和服务等方式，使品牌保持活力，与时俱进。

品牌形象的建立不仅仅是企业对外输出信息，还需要与消费者建立积极的互动。通过社交媒体、线下活动等渠道，与消费者进行互动，倾听他们的声音，回应他们的需求，建立起积极的品牌关系。在品牌形象建立的过程中，企业需要时刻注意危机管理。不可避免地，会面临各种挑战和风险，例如，产品质量问题、不良口碑等。及时应对和妥善处理这些问题，通过危机管理维护品牌形象的稳定性。

企业内部的品牌文化对于品牌形象的建立和维护至关重要。通过建立积极向上的企业文化，传递企业的核心价值观，激励员工的工作热情和责任心，从内部培养出对品牌的认同和忠诚，使品牌形象更加有深度和内涵。品牌形象的建立是一个持续的过程，需要不断地监测市场反馈和消费者意见。通过定期的市场调研、消费者反馈机制，企业可以了解品

---

① 薛生辉.形象设计与品牌塑造[M].合肥：中国科学技术大学出版社，2017：66.

牌形象在消费者心中的变化，及时调整和优化品牌形象的要素。

（四）品牌形象的重要性

一个积极的品牌形象能够建立在消费者心中的信任和忠诚度，消费者对于品牌的认知和印象直接影响其对品牌的信任程度，信任是消费者选择购买的重要因素之一。在激烈的市场竞争中，品牌形象是企业与竞争对手区分开来的关键。一个独特而积极的品牌形象能够在消费者中建立优越感，提高品牌在市场中的竞争力。

品牌形象对于消费者的购买决策有着重要的引导作用。消费者往往更愿意选择那些拥有积极形象、与其个人价值观相契合的品牌。品牌形象的正面影响能够在购物决策中发挥重要作用。一个良好的品牌形象能够吸引媒体和消费者的关注，从而降低市场推广的成本。消费者对于品牌的自发传播和口碑传递有助于提高品牌的知名度，减少品牌推广的付费成本。

品牌形象的积极建立能够为企业赋予更高的品牌溢价能力。消费者对于有着良好形象的品牌愿意支付更高的价格，形成品牌溢价，提高产品的附加值。积极的品牌形象不仅有助于企业的短期销售和市场份额提高，更是企业可持续发展的重要推动力。一个深受消费者喜爱和信任的品牌能够更好地应对市场变化，实现长期稳定的发展。

品牌形象是企业在市场中树立和维护的一种独特形象，它不仅仅是企业外部传达给消费者的信息，更是消费者在心中形成的品牌认知和印象。通过构建明确的品牌标识、品牌声音、品牌文化等要素，企业能够建立积极的品牌形象，赢得消费者的信任和市场竞争力。

品牌形象的建立和管理需要企业全面而长期的投入，涉及品牌的各个方面。通过市场研究、一致性的品牌传播、创新和更新品牌元素等手段，企业可以不断优化品牌形象，适应市场的变化和消费者的需求。

二、品牌形象构建的基本原理

（一）品牌定位和目标群体分析

品牌形象构建的首要原理是明确品牌的定位和深入分析目标群体。

品牌定位是品牌在市场中的独特位置，涉及核心竞争优势和独特价值主张的确定。品牌应该清晰地定义自己在消费者心目中的位置，从而在市场竞争中脱颖而出。

了解目标群体是品牌成功的关键。深入了解目标群体的需求、偏好、行为和价值观，品牌可以更好地满足他们的期望，建立更深厚的连接。

（二）品牌价值观和使命宣言

品牌的价值观和使命宣言是品牌形象构建的基石。这一原理强调了品牌应该具有明确的核心价值，并将其传达给消费者。

品牌的价值观是品牌文化的反映，涉及品牌对社会、环境和道德的立场。品牌应该积极传达这些价值观，与消费者建立共鸣。

使命宣言是品牌为实现其愿景而制定的宏伟目标。它不仅激励内部团队，也吸引共鸣的消费者，使他们感到与品牌共同追求一个更大的目标。

（三）品牌标识和视觉元素设计

品牌形象构建的第三个基本原理涉及品牌标识和视觉元素的设计，这对于品牌的可识别性和视觉吸引力至关重要。

品牌标识是品牌的视觉象征，包括标志、商标和字体等。标识设计应该与品牌的定位和价值观保持一致，通过简洁、独特的设计引起消费者的注意。包括色彩、图形元素和整体设计风格等。这些元素应该与品牌的个性和所代表的行业相契合，为消费者留下深刻印象。

（四）品牌故事叙述和内容营销

品牌形象构建的第四原理聚焦于品牌故事叙述和内容营销，以建立深厚的情感连接和消费者忠诚度。品牌故事是品牌历程、成就和挑战的叙述。通过真实、引人入胜的故事，品牌能够打动消费者，使他们更容易与品牌产生共鸣。

提供有价值的内容是品牌建立专业性和权威性的一种方式。通过在各种平台上分享有趣、有深度的内容，品牌能够引领行业话题，吸引更多的目标消费者。

（五）品牌体验和客户互动

品牌形象构建的第五原理关注于品牌体验和客户互动，这是保证消费者与品牌建立积极关系的关键。消费者与品牌互动的每个触点都构成品牌体验。这包括产品质量、服务水平和购物体验等方面，所有这些都应该与品牌形象一致。积极的客户互动是建立品牌忠诚度的重要手段。品牌应该通过社交媒体、客户服务和参与式活动等方式与消费者建立良好的互动，建立稳固的客户关系[①]。

综上所述，品牌形象构建是一个综合性的过程，覆盖了定位、价值观、标识设计、故事叙述、内容营销、体验和客户互动等多个方面。这些基本原理共同构成了一个成功的品牌形象，为品牌在激烈竞争的市场中脱颖而出提供了坚实的基础，通过深入理解这些原理，品牌可以更好地引导自己的发展，与消费者建立深厚的连接，取得商业成功。

三、品牌形象在市场营销中的作用

（一）品牌形象的定义和要素

在深入讨论品牌形象在市场营销中的作用之前，首先需要了解品牌形象的定义和要素。品牌形象是指消费者对一个品牌的整体印象和认知，包括品牌的独特性、价值观、声誉、外观等方面。

品牌的标志和标识是品牌形象的视觉象征，能够引起消费者的认知和记忆。一个品牌

---

① 柴俊. 娱乐品牌营销 [M]. 北京：企业管理出版社，2019：89.

的声誉和信任度直接影响消费者对其的态度和购买决策。通过品牌故事和有效的传播，品牌能够在消费者心中建立有深度的印象，形成故事性的品牌形象。

品牌形象受产品和服务质量的影响，良好的质量能够提升品牌形象，反之则可能损害。

（二）品牌形象在市场营销中的作用

品牌形象是企业在竞争激烈的市场中树立差异化竞争优势的关键因素。通过独特的品牌形象，企业能够在消费者心中塑造自己的特色，使其在同类产品或服务中脱颖而出。这有助于吸引目标客户，并建立对竞争对手的有效防御。良好的品牌形象能够提高产品和服务的附加值，使其不仅仅是商品或功能性服务，更成为消费者情感共鸣的象征。通过品牌形象，企业可以赋予产品和服务更多的情感和文化内涵，进而提升其附加值，使其在市场中更具吸引力。

消费者在购买决策过程中往往受到品牌形象的影响。一个积极、独特且令人信任的品牌形象能够在消费者心中建立起强烈的好感和信赖，从而影响其购买决策。此外，积极的品牌形象还能够促使消费者形成品牌忠诚度，使其更倾向于持续选择该品牌的产品或服务。通过良好的品牌形象，企业能够在市场中树立起积极的品牌声誉，进而提高市场份额和竞争地位。消费者更愿意选择那些有良好品牌形象的企业，这使得品牌在市场上更具竞争力，能够更轻松地吸引新客户。

拥有强大品牌形象的企业通常能够降低市场推广成本。因为一旦品牌形象树立起来，消费者对品牌的认知和信任程度提高，推广活动的效果更为显著。此时，企业可能需要投入的市场推广资源相对较少，同时品牌形象也能够在市场中更为稳定地存在。

（三）品牌形象建立和维护策略

建立品牌形象的关键之一是保持一致性和稳定性。品牌形象应该在不同的渠道和媒体上呈现一致的外观、声音和信息，以保障消费者对品牌有稳定的认知。这需要企业在所有品牌触点上保持一致的标识、语调和价值观。社交媒体在当今市场营销中扮演着至关重要的角色。通过积极参与社交媒体平台，品牌可以与消费者建立更直接、实时的互动，传递品牌的人性化和亲和力。这有助于构建积极的品牌形象，并加强消费者对品牌的忠诚度。

一个引人入胜的品牌故事能够深刻地打动消费者，建立起情感连接。通过故事叙述，品牌能够向消费者传递品牌的核心价值观、使命宣言以及背后的故事。这不仅能够使品牌在消费者心中更加具有人性化和情感化的形象，还有助于塑造品牌的独特性，从而在激烈的市场竞争中脱颖而出。

品牌形象不仅仅是品牌的外在表象，还包括消费者在与品牌互动时的实际体验。因此，品牌应该注重提供出色的产品和服务体验。这包括产品质量、售后服务、购物体验等多个方面。积极的品牌体验能够深刻影响消费者的感受，从而为品牌建立积极的形象。

市场环境和消费者的需求都在不断变化，因此，企业需要定期进行品牌评估，了解品牌在市场中的表现。这包括消费者调研、市场趋势分析等手段。通过及时了解市场反馈，品牌可以作出相应的调整，确保品牌形象与市场需求保持一致。

现代消费者对于企业的社会责任愈加关注。通过积极履行社会责任，品牌能够在消费者心中建立积极的形象。这可能包括环保举措、慈善活动、员工福利等。通过展示对社会的关切，品牌能够赢得消费者的尊重和信任，从而提升品牌形象。

品牌形象在市场营销中的作用不可忽略，它不仅仅是一个企业的外在表象，更是与消费者之间建立情感连接的桥梁。通过差异化竞争优势、提升产品附加值、影响购买决策、提升市场份额和降低市场推广成本等多方面的作用，品牌形象在塑造企业在市场中的地位和影响力方面发挥着关键作用。成功的品牌形象建设需要企业在一致性、社交媒体参与、品牌故事叙述、品牌体验、定期评估和社会责任履行等方面做出努力。

第二节　品牌与标识的关系

一、品牌与标识的定义与区别

品牌和标识是商业世界中常被提及的两个重要概念，它们在企业的形象和市场传播中扮演着关键的角色。

（一）品牌的定义与特征

品牌是指一个产品、服务或企业在市场中的独特身份和形象，包括消费者对其认知、感知和情感连接，品牌是一种对消费者来说具有差异化特征的商业实体，它不仅仅代表了产品或服务，还包括与之相关的价值、文化、信仰和故事。

品牌应该在市场中具有独有的特征，使其与竞争对手区分开来。消费者对品牌的认知不仅仅包括产品或服务的特征，还包括与品牌相关的情感连接，这有助于形成品牌忠诚度。

一致性是品牌建设的关键，品牌在不同渠道和时刻应该呈现一致的形象和价值观。消费者对品牌的信任度直接影响其购买决策，成功的品牌建设通常伴随着高度的信任。

（二）标识的定义与元素

标识是品牌的视觉象征，通常包括标志、商标、字体、颜色等元素，是品牌在视觉上的表达形式。标识通过图形和符号来代表品牌，是品牌形象中的一部分，具有独特性和可识别性。

标志是标识中的图形部分，通常包括图形符号、图案或图标，是品牌形象中最显著的视觉元素。商标是标识中的法律注册部分，用于标识和保护品牌的独特身份，通常包括文字、图形或文字与图形的组合。字体选择在标识中也是非常重要的，不同的字体可以传达不同的氛围和情感。颜色是标识中另一个关键的元素，特定的颜色可以与品牌相关联，形成独特的视觉印记。

（三）品牌与标识的区别

品牌是一个更广泛的概念，包括与产品、服务或企业相关的全部认知、情感和价值。

品牌不仅仅是视觉上的形象，还包括品牌的声誉、文化、信仰等方面。标识是品牌的一个组成部分，是品牌在视觉上的具体表现形式，标识主要通过视觉元素来传达品牌的身份，包括标志、商标、字体和颜色等。

品牌的表达方式更为多样，可以通过广告、宣传、产品设计、服务体验等多个方面来构建和传递。品牌是一个更为抽象和全面的概念，包括了消费者对整个企业的印象。标识主要通过视觉元素进行表达，是品牌形象在视觉上的具体呈现。标识是品牌的一个具体而有形的表达方式，是品牌形象的一部分。

影响品牌的因素包括产品质量、服务水平、市场传播、消费者体验等多个方面。品牌是消费者对企业或产品的全面认知和评价。影响标识的因素主要包括标志设计、商标的独特性、颜色选择等，这些元素直接影响标识的可识别性和视觉吸引力。

（四）品牌与标识的互动关系

尽管品牌和标识有着明显的区别，但它们之间存在着紧密的互动关系。品牌形象是一个综合的概念，而标识是品牌形象在视觉上的具体呈现。两者相互支持、相辅相成。

标识作为品牌形象的一部分，通过图形、颜色和字体等元素向外传达品牌的独特身份，加强了品牌的可识别性和差异化。品牌为标识赋予了深层含义，通过品牌的核心价值观、使命宣言和故事，为标识注入了更加丰富的文化内涵。品牌的情感连接和认知对标识的意义起到引导和强化的作用。

随着品牌的发展和演进，标识可能会经历变迁。品牌形象的调整、市场策略的改变可能会导致标识的更新或重新设计，以更好地反映品牌的当前定位和价值观。一个成功的标识能够提高品牌的识别度和记忆度。当消费者在市场中看到品牌的标志时，能够迅速联想到品牌的形象、特征和情感连接，从而影响其购买决策。一致性是品牌与标识互动的关键。品牌形象在各种渠道和媒体中的传播应该与标识保持一致，以确保消费者对品牌的全面认知和记忆。

品牌和标识是企业在市场中建立独特身份和形象的两个关键概念。品牌作为一个更为广泛、抽象的概念，包括了消费者对企业的认知、情感和信任。标识则是品牌形象在视觉上的具体表现，通过标志、商标、字体和颜色等元素传达品牌的独特身份。尽管品牌与标识有着明确的区别，但它们之间存在密切的互动关系。标识服务于品牌，通过图形和符号等元素强化品牌的可识别性；品牌赋予标识深层含义，通过核心价值观和故事为标识注入更多的文化内涵。品牌的成功建设需要在全方位的视觉、感知和情感层面进行，而标识作为其中的一个要素，为品牌形象的传播起到了关键的作用。

企业在构建品牌和标识时应该注重一致性，保证品牌形象在各种渠道和媒体中呈现一致的外观和价值观。品牌与标识的有效互动将有助于形成强大的品牌形象，提高品牌在市场中的竞争力和影响力。在不断变化的市场环境中，企业需要审时度势，不断调整和优化品牌与标识的关系，以适应消费者的需求和市场的变化。

二、标识设计在品牌识别中的作用

标识设计是品牌形象中的关键组成部分，对于建立品牌识别和传达独特身份至关重要。在竞争激烈的市场中，一个成功的标识能够帮助品牌在消费者心中留下深刻的印象，加强品牌的可识别性、可记忆性和差异化。

（一）标识设计的定义

标识设计是通过图形、符号、字体和颜色等视觉元素，为品牌创造独特的视觉形象的过程。标识设计的目标是通过简洁、独特、易记的形式，使消费者能够迅速识别品牌，同时传达品牌的价值观、个性和核心信息。

（二）标识设计的元素

标志（Logo）是标识设计的核心部分，通常包括图形、图案或图标，是品牌形象中最直观的标识。

商标（Trademark）是标识的法律注册部分，用于标识和保护品牌的独特身份，通常包括文字、图形或文字与图形的组合。

字体（Typography）选择在标识设计中也是非常重要的，不同的字体可以传达不同的氛围和情感。

颜色（Color）是标识设计中另一个关键的元素，特定的颜色可以与品牌相关联，形成独特的视觉印记。

（三）标识设计的原则

1. 简洁性（Simplicity）：一个成功的标识应该是简洁明了的，能够在短时间内传达清晰的信息，避免过于繁杂和复杂。

2. 可识别性（Recognizability）：标识设计应该具有高度的可识别性，使消费者能够迅速辨认出品牌，建立起对品牌的记忆。

3. 独特性（Uniqueness）：标识应该是独一无二的，与竞争对手区分开来，确保在市场中具有独特性。

4. 适应性（Adaptability）：标识设计需要在不同的媒体和背景下都能够保持清晰和有效，适应各种应用场景。

5. 可扩展性（Scalability）：标识设计应该具有可扩展性，无论是在小尺寸的名片上还是大幅度的广告牌上，都能够保持清晰度和效果。

（四）标识设计的影响因素

1. 目标受众（Target Audience）：标识设计需要考虑品牌的目标受众，不同的受众对于视觉元素的喜好和接受程度可能不同。

2. 行业特性（Industry Characteristics）：不同行业对于标识的风格和元素有着不同的要求，标识设计需要考虑行业的特殊性。

3. 品牌定位和价值观（Brand Positioning and Values）：标识设计应该与品牌的定位和核心价值观保持一致，传达品牌的独特性和个性。

4. 文化和社会因素（Cultural and Social Factors）：标识设计需要考虑文化和社会因素的影响，以确保在不同地区和社群中都能够被理解和接受。

（五）标识设计的作用和价值

一个成功的标识能够在消费者心中留下深刻的印象，建立品牌的识别度。消费者能够通过标识快速辨认出品牌，并与品牌形成连接。标识设计通过图形、颜色和字体等元素，能够传达品牌的个性和核心价值观。品牌通过独特的标识形象，向消费者传递其所代表的文化、理念和情感。

在竞争激烈的市场中，品牌需要通过差异化来脱颖而出，一个独特而有力的标识能够帮助品牌在消费者心中建立独特性，与竞争对手区分开来。人类对于视觉信息的记忆能力较强，成功的标识设计能够在消费者心中留下深刻的印象，增强品牌的记忆度。这有助于消费者在购物决策时更容易选择熟悉和记忆深刻的品牌。

通过标识在各种媒体渠道上的展示，品牌能够提升其在目标受众中的认知度。一个引人注目且具有吸引力的标识能够在广告、社交媒体和其他宣传活动中有效传播品牌形象。标识设计在不同的应用场景中能够保持一致性，使得品牌在各种媒体和平台上都呈现相同的外观。这有助于消费者建立对品牌的稳定和一致的认知，增强品牌形象的可信度。

当品牌决定扩张到新的市场、产品线或服务领域时，一个灵活、可适应的标识设计能够支持品牌的发展，保持其在新领域中的连贯性和连续性。

（六）标识设计的挑战和应对策略

全球品牌可能面临不同文化对标识的理解和接受度不同的挑战。品牌需要在设计标识时考虑到不同文化的差异，以避免引起误解。在数字时代，品牌的标识需要适应各种媒体和平台，包括社交媒体、移动应用、网站等。标识设计需要保持在不同尺寸和分辨率下的清晰度和效果。

标识设计是一个长期而稳定的过程，需要在不同时间和场合中保持一致性。品牌需要确保标识设计的稳定性，同时在需要时进行适度的调整和更新。标识设计需要遵循法律和商标的规定，避免侵权和法律纠纷。品牌在设计标识时需要进行专业的法律咨询，以确保标识的合法性和独特性。

随着市场的变化和消费者趋势的演变，品牌可能需要根据市场反馈进行标识的调整。品牌在设计标识时应该留有一定的灵活性，以适应市场的变化和品牌战略的调整。随着技术的发展，新的设计工具和技术可能影响标识设计的趋势。品牌需要密切关注设计领域的新趋势，以保持标识设计的现代感和吸引力。

标识设计需要与品牌的整体形象和战略保持一致。品牌在设计标识时应该考虑到品牌的愿景、使命和核心价值观，保证标识与品牌的其他元素相互协调。标识设计在品牌识别中发挥着至关重要的作用，它不仅仅是品牌形象的一部分，更是消费者对品牌的第一印象和认知。通过简洁、独特、易记的设计，标识能够帮助品牌建立识别度、差异化和记忆度，成为品牌在竞争激烈的市场中脱颖而出的关键因素。然而，标识设计也面临着各种挑战，包括文化差异、法律问题、技术发展等方面的考虑。品牌需要在设计标识时审慎选择元素，注重一致性和长期性，同时密切关注市场趋势和消费者反馈，不断调整和优化标识设计。

未来，标识设计将继续发展演变，适应新的技术和消费者趋势。品牌需要关注全球化、可持续性、个性化等方面的趋势，以确保标识设计与时俱进，保持对消费者的吸引力和影响力。标识设计的成功不仅关乎视觉上的美感，而且更关乎与品牌整体战略和价值观的一致性，是品牌在市场中建立稳固地位的不可或缺的组成部分。

三、品牌标识对品牌形象的影响

品牌标识是品牌形象的视觉表现，扮演着在市场中树立品牌身份和传递核心信息的关键角色。其设计、颜色、形状等方面都对消费者产生深远的影响，直接塑造了品牌在消费者心中的形象。

（一）品牌标识的定义

品牌标识是指品牌在视觉上的具体呈现，包括标志、商标、字体、颜色等元素。它是品牌形象的一部分，通过视觉元素向外界传达品牌的身份和独特性。品牌标识是消费者认知品牌的第一印象，对于品牌建设和市场营销至关重要。

（二）品牌标识的重要性

品牌标识通过独特的设计和形象，帮助消费者快速识别品牌，与竞争对手区分开来。一个独特的标识能够让品牌在市场中脱颖而出，建立差异化优势。品牌标识不仅仅是一个图形或符号，更是品牌的文化和价值观的具体表达。通过颜色、形状等元素，品牌标识传递品牌所代表的核心价值观，引导消费者建立对品牌的情感连接。

一个简洁、独特的标识更容易被消费者记忆，成为品牌形象在消费者心中的符号。品牌标识通过视觉的方式加深对品牌的印象，提升品牌在消费者心中的记忆度。在广告、宣传和市场传播中，品牌标识是一个核心元素。它在各种媒体上的展示能够强化品牌形象，形成统一的市场传播效果，提高品牌在市场中的知名度。

一个成功的品牌标识有助于建立消费者对品牌的信任和认可。消费者对于熟悉、可识别的品牌标识更容易产生信赖感，从而促使购买决策。

（三）品牌标识的影响因素

标识设计的元素包括标志、商标、字体和颜色等。这些元素的选择直接影响品牌标识的独特性、可识别性和吸引力。不同的目标受众对于标识的喜好和接受程度可能有所不同。品牌需要考虑目标受众的特点，确保标识能够引起他们的共鸣。

不同行业对于标识的要求和风格有所不同。行业的特性、文化和潮流都会对标识设计产生影响，品牌需要考虑到所处行业的特殊性。品牌的定位是品牌标识设计的重要依据。高端品牌、大众品牌、创新型品牌等不同定位需要在标识设计中得到明确体现。

文化和社会因素对于标识的接受度有着重要影响。品牌需要考虑不同文化和社会背景下的消费者心理，以保证标识在全球范围内都具有可接受性。

（四）品牌标识设计的原则

品牌标识设计应保持简洁，避免过于繁杂的元素。简洁的标识更容易被消费者理解和记忆。

标识设计应具有高度的可识别性，使消费者能够迅速辨认出品牌。清晰而独特的标识更容易在市场中突显。品牌标识在不同媒体和渠道上的呈现应保持一致，以形成品牌形象的统一性。一致性有助于消费者对品牌的稳定认知。

标识设计需要具有一定的灵活性，以适应不同的应用场景。在不同尺寸和媒体上都能够保持清晰和有效。品牌标识设计应该具有可扩展性，不论是在小尺寸的产品包装上还是大幅度的广告牌上都能够保持清晰度和效果。可扩展性确保了品牌标识在不同尺寸和比例下都能够保持其视觉效果，适应各种应用场景。

标识设计需要具备适应不同文化和市场的能力。在全球范围内经营的品牌应该确保标识在不同文化和社会环境中都能够被理解和接受。品牌标识应该具有独特性，能够与竞争对手区分开来。一个独特的标识有助于品牌在市场中建立自己的特色和身份。

品牌标识设计需要具备一定的时代感，以适应社会潮流和消费者的审美变化。标识设计过于陈旧可能会使品牌显得过时。

（五）品牌标识对品牌形象的直接影响

品牌标识直接影响品牌在市场中的可视性和辨识度。一个清晰、独特的标识能够使品牌在广告、包装和各类宣传资料中脱颖而出，引起消费者的注意。品牌标识通过视觉元素传达品牌的情感连接，使消费者在视觉上与品牌建立联系。成功的标识设计能够激发消费者的情感共鸣，建立起品牌的情感链接。

一个成功的品牌标识有助于建立消费者对品牌的信任和认可。消费者对于熟悉和可信度高的标识更容易产生信任感，从而提升品牌在消费者心中的地位。品牌标识通过设计元素传达品牌的个性和文化。独特的标识能够为品牌注入独特的个性，使其在市场中更具辨识度。

一个简洁而独特的标识更容易被消费者记忆。品牌标识通过视觉上的记忆点，使消费者更容易回忆起品牌，有助于购物决策时的选择。品牌标识是品牌市场传播的核心元素。其在广告、宣传、社交媒体等渠道的传播效果直接影响品牌形象的塑造和传播。

（六）品牌标识设计的挑战与应对策略

品牌标识设计需要在独特性和可识别性之间找到平衡。过于独特可能导致消费者不易识别，过于普通可能使品牌失去独特性。应对策略是在独特性的基础上保持简洁、清晰，确保易于辨识。

全球化经营的品牌需要考虑不同文化和市场的差异。标识设计应具备足够的灵活性和可适应性，以保证在不同地区都能够被理解和接受。品牌标识设计需要具备一定的时代感，同时又要考虑到长期性。品牌标识设计不宜过于随波逐流，应该注重经典元素，以确保长期的品牌形象稳定性。

在设计标识时，品牌需要进行专业的法律咨询，确保标识不侵犯他人的知识产权，同时可以成功注册商标。对于国际化品牌来说，需要在全球范围内考虑相关法律问题。消费者的喜好和市场趋势是不断变化的，品牌需要保持对市场的敏感性，及时获取消费者反馈。定期评估品牌标识的市场表现，根据市场变化调整设计。

品牌标识是品牌形象的核心组成部分，直接塑造了品牌在消费者心中的形象。其设计、颜色、形状等方面都对品牌的可视性、记忆度、情感连接等产生深远的影响。品牌标识不仅仅是一个图形或符号，更是品牌文化和价值观的具体表达。成功的标识设计有助于创建品牌与消费者之间的情感联系，促进品牌的认可度和信任感。

第三节　消费者心理与品牌形象

一、消费者心理对品牌态度的影响

消费者心理在塑造品牌态度方面发挥着至关重要的作用。品牌态度是消费者对特定品牌的评价和情感反应，直接影响着其购买决策和忠诚度。了解消费者心理对品牌态度的影响，对品牌建设和市场营销具有重要意义[①]。

（一）品牌态度的定义

品牌态度是指消费者对特定品牌的总体评价和情感反应。这种评价和反应通常包括认知、情感和行为三个层面。品牌态度反映了消费者对品牌的好感程度、信任程度以及对品牌的忠诚度。

（二）消费者心理对品牌态度的影响

消费者对品牌的认知是形成品牌态度的基础。认知涉及对品牌的知识、信息和印象。消费者通过品牌的广告、宣传、产品体验等途径获取品牌信息，这些信息直接影响其对品牌的认知，一个清晰、积极的品牌认知有助于形成积极的品牌态度。消费者的情感体验对品牌态度有着深远的影响。品牌通过广告、包装、服务等方式激发消费者的情感反应，包括喜好、愉悦、信任等。积极的情感体验有助于形成积极的品牌态度，而负面的情感体验可能导致消极的品牌评价。

消费者的购买动机直接关系到其对品牌的态度。动机包括消费者购买某个品牌的原因，可能是产品性能、品牌形象、社会认可等。消费者的动机在很大程度上塑造了其对品牌的态度，而品牌需要通过市场营销策略激发和满足消费者的购买动机。每个消费者都是独一

---

① 才源源.消费者情绪与品牌管理研究[M].上海：上海大学出版社，2020：155.

无二的个体，其个体差异直接影响其对品牌的态度。个体差异包括性格、生活经历、文化背景等因素。同一品牌对不同个体可能产生不同的影响，因此，品牌需要考虑到个体差异，通过差异化的市场营销策略满足不同消费者的需求。

消费者所处的社会环境和社交圈也对其品牌态度产生重要影响。社会影响包括家庭、朋友、同事等对消费者的态度和看法。社会认同和社交影响使得消费者更容易受到他人的影响，形成与社会环境相一致的品牌态度。

（三）消费者心理的作用机制

消费者对品牌形成态度的过程通常包括认知、情感和行为三个环节。首先，消费者通过获取品牌信息形成对品牌的认知；其次，认知影响了对品牌的情感体验；最后，积极的情感体验有助于形成积极的品牌态度，并影响购买行为。消费者对品牌的认知启动了其情感反应。认知信息通过激发消费者的情感反应，如好奇心、兴奋感等，进而形成对品牌的情感态度。品牌需要通过巧妙的市场营销手段引起消费者的认知，并激发积极的情感体验。

情感对认知加工产生影响，消费者更倾向于记住和关注与情感相关的信息。品牌在传递信息时，通过融入情感元素，更容易引起消费者的关注和记忆，从而在消费者心中留下深刻的印象。消费者的购买动机直接影响其行为。购买动机包括内在动机（个体的需求和欲望）和外在动机（社会因素、社交因素等）。品牌需要了解并满足消费者的购买动机，通过市场营销手段激发其购买行为，从而影响品牌态度。

（四）消费者心理对品牌态度的调控策略

品牌可以通过情感营销策略来激发消费者的情感反应。这包括通过广告、包装、品牌故事等方式传递积极的情感，建立品牌与消费者之间的情感连接。情感营销有助于在消费者心中形成积极的品牌态度，提高品牌的好感度和亲和力。品牌需要通过差异化的定位来满足不同消费者的需要和偏好。通过强调品牌独特的特点、产品优势或文化价值，品牌能够在消费者心中建立独特性，形成积极的品牌态度。差异化定位有助于品牌在竞争激烈的市场中脱颖而出。

利用社交影响力量对品牌态度进行调控，品牌可以通过社交媒体、口碑传播等途径，借助消费者之间的社交互动，影响消费者的态度。正面的社交影响有助于构建品牌的正面形象，提高消费者的信任感和好感度。品牌可以通过个性化的营销策略来满足不同个体的需求。了解消费者的个体差异，通过个性化的产品推荐、定制化服务等方式，使消费者感受到品牌对其个体需求的关注和尊重。个性化营销有助于建立消费者与品牌之间的个体化连接，提高品牌态度的积极性。

通过产品设计和服务体验，使消费者在购买和使用过程中产生积极的情感体验。品牌可以注重产品的外观设计、包装设计，以及提供愉悦的购物环境和用户体验，进而影响消费者对品牌的态度。情感化的产品体验有助于在消费者心中留下深刻的品牌印象。通过精心设计的广告、宣传和品牌故事等方式，激发消费者的认知启动。品牌可以通过各种形式的传播，引起消费者的好奇心、注意力，从而使其更加关注和记忆品牌。认知启动策略有助于在消费者心中形成积极的品牌印象。

（五）未来趋势与展望

随着数字化时代的发展，个性化营销和服务将更加突出。品牌将更加注重消费者个体差异，通过大数据和人工智能等技术手段，提供更为个性化的产品和服务，以深化品牌与消费者之间的连接。情感智能将成为未来品牌营销的重要方向。通过情感识别技术、智能算法等手段，品牌可以更准确地了解消费者的情感状态，从而制定更具针对性的情感化营销策略，提高品牌态度的塑造效果。

社交媒体的兴起将进一步强化品牌与消费者之间的社交互动。品牌需要积极参与社交媒体平台，借助用户生成内容和社交影响力，建立积极的品牌形象，影响消费者的品牌态度。消费者对于品牌的社会责任和可持续性关切度增加，品牌在塑造态度时需要更加注重社会责任。积极参与公益活动、关注环保和社会问题将有助于提升品牌在消费者心中的形象和态度。

情感共鸣将成为品牌与消费者之间建立深层次连接的关键。品牌故事、文化传承等元素将更多地融入品牌营销，通过共鸣建立更为紧密的情感联系，深刻影响消费者的品牌态度。

消费者心理对品牌态度的影响是品牌建设和市场营销中不可忽视的因素。消费者的认知、情感、动机等心理因素直接塑造了其对品牌的总体评价和情感反应。品牌在塑造消费者品牌态度时，需要通过巧妙的市场营销手段，激发积极的认知、情感体验，满足消费者的购买动机，建立积极的品牌形象。未来，随着数字化时代的发展和社会趋势的变化，品牌将面临更多挑战和机遇。通过深入了解消费者心理，品牌能够更好地适应市场变化，建立更加稳固的品牌地位。

二、消费者行为与品牌形象的关联

消费者行为和品牌形象之间存在着密切的关联，消费者的购买决策、品牌忠诚度和口碑传播等方面都受到品牌形象的影响，了解消费者行为与品牌形象之间的关系对于品牌管理和市场营销至关重要。

（一）品牌形象的定义

品牌形象是指消费者对于某个品牌的整体印象和认知。这种印象包括品牌的外观、声誉、文化价值等多个方面，是消费者从多个维度对品牌进行的综合评价。品牌形象直接影响着消费者对品牌的态度和行为。

（二）品牌形象与消费者行为的关系

消费者对品牌形象的认知直接影响其购买决策。一个被认知为高质量、信誉良好的品牌往往能够吸引更多消费者的购买意愿。消费者对品牌的认知包括产品特性、品牌文化、社会形象等方面，这些认知将在购物决策时产生重要影响。消费者对品牌形象的信任程度直接关系到其对品牌的忠诚度。一个值得信赖的品牌形象可以促使消费者更加倾向于选择该品牌的产品或服务，并形成长期的忠诚关系。信任度高的品牌形象有助于提高消费者的品牌忠诚度。

消费者在购买和使用品牌产品或服务的过程中形成的体验直接影响口碑传播。积极的品牌体验会促使消费者在社交媒体、朋友圈等平台分享正面的口碑信息，从而加强品牌形象在社会中的正面认知。品牌形象通过口碑传播可以迅速扩散，影响更多潜在消费者的态度。

品牌形象中的文化元素对于消费者的身份认同产生深远的影响。当品牌形象与消费者的价值观、生活方式相契合时，消费者更容易产生身份认同感。品牌形象通过呈现独特的文化特色，吸引具有相似文化认同的消费者，形成品牌社群。消费者对品牌形象的情感连接影响着其品牌选择行为。积极的情感体验、品牌故事和情感共鸣有助于建立消费者与品牌之间的情感联系，使品牌在消费者心中更具亲和力。情感连接使得消费者更倾向于选择那些能够满足其情感需求的品牌。

（三）品牌形象的塑造和管理

为了塑造积极的品牌形象，品牌需要确保在不同渠道和媒体上的表达一致性。品牌表达包括广告、包装设计、品牌传播等方面，一致性的表达有助于形成统一的品牌形象，提升消费者对品牌的认知和信任度。通过讲述品牌故事和采用情感营销策略，品牌能够在消费者心中留下深刻的印象。品牌故事能够激发消费者的情感共鸣，情感营销有助于建立积极的情感连接，使品牌在消费者心中更具亲近感。

为了提高消费者对品牌的认知和体验，品牌需要不断优化产品和服务的品牌体验。这包括产品质量、售后服务、购物体验等方面的提升。积极的品牌体验有助于形成正面的口碑传播，加强品牌形象在市场中的正面印象。社交媒体已经成为影响品牌形象的重要渠道。品牌需要有效地运用社交媒体平台，与消费者互动，分享品牌故事，解答消费者疑虑，进而建立更加积极的品牌形象。

越来越多的消费者关注品牌的社会责任和可持续性。品牌通过参与社会责任活动、关注环保和社会问题等方式，不仅表达了对社会的关心，也在消费者心中树立了积极的品牌形象。社会责任和可持续性的实践有助于赢得消费者的尊重和信任，从而影响其品牌态度和购买行为。

品牌形象的塑造也需要考虑用户的参与感。通过开展用户参与活动、征集用户意见和建议，品牌可以增强用户对品牌的归属感和参与感。用户参与不仅能够为品牌提供有益的反馈，还有助于建立积极的品牌形象。

品牌形象的管理是一个动态的过程，品牌需要不断监测市场反馈和消费者反馈，及时调整品牌策略。通过市场调研、消费者反馈和数据分析，品牌可以了解市场变化和消费者需求，及时进行调整和优化，以保持品牌形象的积极性。

消费者行为与品牌形象之间的关系是品牌管理和市场营销领域的重要研究课题。品牌形象对消费者购买决策、忠诚度、口碑传播等方面产生直接而深远的影响。了解消费者行为与品牌形象之间的关联，有助于品牌制定更有效的战略，提升品牌在市场中的竞争力。

三、消费者需求与品牌形象的契合度

消费者需求与品牌形象的契合度是品牌成功的关键因素之一。当品牌能够准确理解、满足和超越消费者的需求时，就能够建立起积极的品牌形象，并在市场中取得竞争优势。

（一）契合度的概念

指的是品牌所提供的产品、服务、形象与消费者的需求和期望之间的匹配程度。契合度反映了品牌是否能够真正理解并满足消费者的期望，是品牌与消费者之间关系的重要指标。

（二）契合度的影响因素

消费者群体存在着多样性，其需求因人而异。不同年龄、性别、地域、文化背景的消费者有着不同的需求和偏好。因此，品牌需要在产品设计、营销策略等方面考虑到多元化的消费者需求，提高契合度。市场竞争激烈程度直接影响品牌的契合度，在竞争激烈的市场中，品牌需要更加敏锐地捕捉消费者的需求变化，通过创新和差异化来提高契合度，从而脱颖而出。

社会文化背景对消费者需求产生深远的影响。品牌形象和产品服务的设计需要符合当地的文化习惯、价值观念，以保证与消费者的期望相契合。跨文化市场的品牌需要更加关注文化的差异性，提高国际契合度。科技的迅猛发展不断改变着消费者的需求。品牌通过运用新技术，提供创新的产品和服务，能够更好地适应消费者的新需求，提高契合度。反之，技术滞后可能导致品牌与消费者期望脱节。

消费者的经济状况和购买能力直接影响其需求。品牌需要灵活调整定价、推出不同档次的产品，以适应不同经济水平的消费者需求，提高契合度。

（三）契合度的管理策略

品牌在构建契合度时，首先需要深入了解目标消费者的需求和偏好。通过市场调研、消费者反馈、数据分析等手段，获取准确的消费者信息，从而更好地满足其需求。品牌定位是品牌形象的核心，也是契合度的基础。品牌需要明确自己的独特卖点，通过独特的品牌定位来吸引目标消费者，并确保产品、服务与品牌定位相契合。

随着社会的发展和消费者需求的不断变化，品牌需要保持不断创新，及时调整产品和服务。通过引入新技术、设计新特色产品，品牌能够更好地适应市场变化，提高契合度。

积极的品牌形象有助于提高品牌与消费者之间的契合度。通过传递正面的品牌形象，包括品牌的价值观、社会责任感等，品牌能够更好地引起消费者的共鸣，增加契合度。品牌在市场营销时需要灵活应变，根据市场反馈和消费者需求的变化调整策略。灵活的市场营销策略有助于品牌更好地满足不同消费者的需求，提高契合度。

品牌社群是一种强化品牌与消费者关系的方式。通过建立在线或线下的品牌社群，品牌可以与消费者更直接地互动，了解其需求，同时激发品牌忠诚度，增强契合度。

（四）契合度的重要性

当品牌成功契合消费者的需求时，消费者更倾向于建立长期的品牌忠诚关系。契合度提高了品牌在消费者心中的吸引力，使其更容易赢得消费者的信任和忠诚度。消费者对品牌的信任感和忠诚度是品牌长期成功的基石，有助于维持稳定的市场份额。

消费者在购物时更倾向于选择与自己需求契合度较高的品牌。当品牌能够满足消费者的实际需求和期望时，消费者更愿意购买该品牌的产品或服务。因此，契合度直接影响了消费者的购买意愿，为品牌创造销售机会。市场竞争激烈，品牌面临着各种市场风险，通过提高与消费者的契合度，品牌可以更好地适应市场变化，减少因市场不确定性而带来的风险。契合度高的品牌更容易在市场中立足并持续发展。

消费者在满意品牌的产品和服务后，往往会通过口碑传播推荐给他人。契合度高的品牌能够更容易获得积极的口碑，消费者愿意分享他们良好的购物体验，进而影响其他潜在消费者对品牌的态度。在竞争激烈的市场中，品牌需要通过提高契合度来脱颖而出。契合度高的品牌能够更好地满足消费者的需求，与竞争对手形成差异化，从而提高品牌在市场中的竞争力。

市场环境不断变化，消费者需求也随之演变。品牌若能够及时调整产品、服务、营销策略以适应市场变化，就能够维持与消费者的契合度，保持品牌的市场地位。消费者在选择购买时更倾向于选择熟悉且符合其需求的品牌。契合度高的品牌能够更容易被消费者记住和认知，提高品牌知名度，从而增加品牌的市场份额。

（五）结合品牌形象与消费者需求的未来趋势

随着技术的不断发展，个性化定制将成为未来品牌契合度的关键趋势。品牌可以通过大数据分析，为消费者提供个性化定制的产品和服务，更好地满足其独特需求，提高契合度。消费者在数字化时代更注重品牌的数字化体验。品牌需要通过在线平台、社交媒体等数字化渠道，提供更便捷、互动性强的体验，以增强与消费者的契合度。

消费者对品牌的社会责任和可持续性的关注逐渐增加。品牌需要在产品制造、运营过程中注重环保、社会责任，以提升与消费者的契合度，赢得其认可。品牌需要通过社交媒体等平台，与消费者进行更直接、实时的互动。了解消费者的反馈，回应其需求，使品牌与消费者形成更加积极的互动关系。

品牌需要更深入地理解不同文化群体的需求，通过在品牌形象中融入文化元素，建立文化共鸣，提高契合度[①]。

消费者需求与品牌形象的契合度是品牌成功的关键因素，直接影响着品牌的忠诚度、购买意愿、口碑传播等方面。品牌需要通过深入了解目标消费者、建立明确的品牌定位、不断创新升级等管理策略，提高与消费者的契合度。未来，个性化定制、数字化体验、可持续发展、社交化品牌互动、文化共鸣等将是品牌形象与消费者需求契合度的重要趋势，品牌需要不断创新以适应这些变化，保持竞争力。在不断发展的商业环境中，品牌与消费者的密切契合将是品牌持续成功的关键。

---

① 黄先海，陈航宇. 中国特色自由贸易港发展战略研究 [M]. 杭州：浙江大学出版社，2019：26.

第四节　品牌故事与传播

一、品牌故事构建的原则与方法

品牌故事构建是品牌建设过程中至关重要的一环，它不仅能够为品牌赋予生命，更能够与消费者建立深厚的情感连接。

（一）品牌故事构建的基本原则

品牌故事应该是真实的，能够反映品牌的真实面貌和核心价值。诚实性是建立消费者信任的基础，虚构或夸大事实的故事容易被揭穿，对品牌形象造成负面影响。

品牌故事应该与品牌的核心价值和使命相契合。故事是品牌文化的表达方式，能够传递品牌的理念和愿景，使消费者更好地理解品牌所代表的意义。品牌故事需要触动消费者的情感，引发共鸣。通过故事，品牌能够与消费者建立情感连接，使其产生共鸣和共振，进而提高品牌的亲和力和忠诚度。

品牌故事应该具有简洁而深刻的特点。避免冗长的叙述，而是通过简练而有力的叙事方式，深刻地传递品牌的核心信息，留下深刻印象。故事是塑造品牌个性的有力工具。通过故事，品牌可以展现独特的品牌个性，区别于竞争对手，赢得消费者的关注和记忆。

品牌故事的传播形式应该多样化，适应不同的媒体平台。结合文字、图像、视频等多媒体元素，以更生动的方式呈现品牌故事，提高故事的传播效果。

（二）品牌故事构建的方法

品牌故事可以采用传统的起承转合结构，即引起消费者的兴趣（起），逐步展开情节（承），引发高潮（转），最终达到高潮或解决冲突（合）。这种结构能够使品牌故事更具有吸引力和戏剧性。

将品牌故事与具体的人物联系起来，使故事更富有感染力。通过讲述品牌背后的创始人、代表性员工或消费者故事，能够为品牌赋予更加生动的形象，让消费者更容易产生情感共鸣。

以用户的视角来构建品牌故事，讲述用户在使用品牌产品或服务时的真实体验，用户故事能够直观地展示品牌的价值和影响，同时激发其他消费者的兴趣和信任。讲述品牌的发展历程，从创立初期到现在的成长，突显品牌的坚持、努力和变革。这种故事形式能够展示品牌的韧性和价值观，增强品牌的信任感。

通过讲述品牌和消费者之间的情感故事，强调品牌所代表的情感连接。这种故事能够触动消费者的情感，创建更加深刻的品牌与消费者之间的情感纽带。将品牌的使命与愿景融入故事中，强调品牌背后的价值观和目标。通过讲述品牌为何存在、希望实现什么样的愿景，能够激发消费者对品牌的认同和支持[①]。

若品牌有悠久的历史和文化传承，可以通过讲述相关的文化元素、传统工艺等来构建品牌故事。传承文化能够为品牌赋予独特性，吸引注重传统和历史感的消费者。

（三）品牌故事构建的实践策略

在构建品牌故事之前，需要深入了解目标受众的需求、兴趣和价值观。只有充分了解受众，才能构建能够引起共鸣的故事。

故事中需要强调品牌的独特卖点，即品牌与竞争对手的差异化优势。通过突出品牌的独特之处，能够更好地吸引消费者的注意力，使品牌在竞争中脱颖而出。品牌故事需要与品牌的整体形象和市场定位保持一致。保持一贯性有助于形成品牌统一的形象，使消费者更容易理解品牌的核心价值和特点。

故事中需要注重激发消费者的情感共鸣。通过讲述真实、感人的故事情节，引发消费者的情感波动，从而创建更深层次的情感连接。视觉元素在品牌故事中起着重要作用。结合图片、图形、视频等视觉元素，能够使故事更加生动形象，增强消费者的视觉感受。

如果品牌有着较长的发展历程，可以通过讲述品牌的发展历程来构建故事。强调品牌的坚持、努力和变革，能够让消费者更好地理解品牌的成长轨迹。品牌故事并不是一成不变的，需要与消费者互动，及时获取反馈。通过社交媒体、线上线下活动等方式，与消费者建立互动，了解其反馈和意见，调整故事叙述方式。

故事作为品牌广告宣传的基础，可以在各种营销渠道中灵活运用。通过广告、社交媒体、网站等传播渠道，将品牌故事有效地传递给更多的消费者。品牌故事不应是一劳永逸的，需要结合市场变化和消费者需求的变化进行持续更新和创新。新的故事元素能够保持品牌形象的新鲜感，吸引更多目标受众的关注。

（四）品牌故事构建的挑战与应对

构建品牌故事时，应避免虚构和夸大事实，以免破坏品牌的信誉。强调真实性和诚实性是应对这一挑战的有效策略。

品牌故事往往强调情感共鸣，但也需要平衡情感与理性。消费者在做购买决策时，除了情感因素，还会考虑产品的性能、价值等理性因素。在全球化的市场中，品牌故事需要适应不同文化背景和价值观。避免过于本土化的故事，以确保在不同市场中都能够产生积极效果。

社交媒体的兴起给品牌故事的传播带来了新的机遇和挑战。品牌需要善于应对社交媒体上的舆论和用户反馈，及时调整故事传播策略。故事很容易陈旧，品牌需要不断创新和更新故事，以保持消费者的兴趣。缺乏创新可能导致故事失去吸引力。

品牌故事构建是品牌建设中不可忽略的重要环节。通过遵循真实性和诚实性、与品牌核心价值契合、引发共鸣、简洁而深刻、塑造品牌个性等基本原则，以及采用起承转合结构、人物化、用户故事、品牌历程、情感故事、品牌使命与愿景等方法，品牌能够构建更

---

① 才源源.消费者情绪与品牌管理研究 [M].上海：上海大学出版社，2020：29.

具吸引力和感染力的故事。实践策略中需要深入了解目标受众，强调独特卖点，保持一贯性，激发情感共鸣，结合视觉元素，讲好品牌的发展历程，与消费者互动，以故事为基础的广告宣传，并持续更新和创新。同时，品牌需要应对虚构和夸大、平衡情感与理性、适应多元文化、应对社交媒体的影响、持续创新与更新等挑战。

二、故事传播在品牌建设中的效果

故事传播作为一种有效的品牌建设策略，在当今市场中扮演着重要的角色。通过讲述引人入胜的故事，品牌能够与消费者建立更深层次的连接，创造独特的品牌印记。

（一）故事传播的定义与意义

是一种通过生动的叙述方式，将品牌的核心信息、价值观和文化元素融入情节中，以引发受众共鸣、情感共鸣，从而达到品牌传播和认知提升的目的。故事传播能够突破传统广告的单向宣传，创造更加亲密、有趣的品牌体验。通过情节化的叙述，品牌能够植入自身的理念、文化，使消费者更深刻地理解和记住品牌，同时激发情感共鸣，促使消费者形成更积极的品牌印象。

（二）故事传播的效果与影响因素

故事传播有助于提高品牌的知名度。通过有趣、引人入胜的故事情节，品牌能够在受众中引起注意，使其更容易被记住。这有助于建立品牌在消费者心中的位置，提高品牌认知度。

故事传播强调情感共鸣，能够触发消费者的情感反应。当品牌通过真实而有趣的故事引发共鸣时，消费者更有可能对品牌产生情感依恋，提高品牌忠诚度。故事传播有助于打造品牌的差异化优势。通过讲述独特、引人入胜的故事，品牌能够突显自身的独特性，使其与竞争对手有所区分，从而在市场中建立差异化的品牌形象。

好的故事容易引起口碑传播。通过消费者口口相传、在社交媒体上分享，品牌故事能够快速扩散。社交分享不仅增加了品牌的曝光度，还构建了消费者之间的社群感，促使更多人关注和参与。

故事传播能够激发消费者的参与和互动。一个引人入胜的故事情节不仅仅是单向传递信息，更是引发受众思考、参与品牌故事的过程，这种互动性能够拉近品牌与消费者的距离，建立更加紧密的关系。

故事传播是传递品牌价值观和文化的有效途径。通过故事情节，品牌能够以更生动的方式向受众展示自己的核心价值和文化内涵，增强品牌的深度认知。相比于传统的硬广告，故事传播更容易引起观众的共鸣。品牌故事在广告中的运用，能够增加广告的吸引力，提高广告效果，使广告更具有传播力和吸引力。

故事的情节质量直接影响着传播效果。一个引人入胜、有深度的故事情节更容易引起受众的共鸣和关注。对目标受众的深入了解能够帮助品牌创造更具吸引力的故事。了解受众的兴趣、需求和价值观，有助于构建更贴近受众心理的品牌故事。

不同的媒体渠道适合不同类型的故事传播。选择合适的媒体渠道，有助于确保故事传播能够更广泛地触达目标受众。故事传播需要与品牌整体形象和市场定位保持一致。一贯性有助于构建统一的品牌形象，提升受众对品牌的认知和信任。

（三）故事传播的实践策略

在构建品牌故事之前，品牌需要深入了解目标受众的需求、兴趣和价值观。只有深入了解受众，才能创造能够引起共鸣的故事，让受众更容易与品牌建立情感联系。故事情节是故事传播的核心。品牌需要创造引人入胜、有深度的故事情节，以吸引受众的注意力。一个打动人心的故事情节能够更好地传递品牌的核心信息和价值观。

视觉元素在故事传播中起着重要的作用。结合图片、图形、视频等视觉元素，能够使故事更加生动形象，提高受众的视觉感受。视觉元素的使用有助于增强故事的吸引力和传播效果。故事传播是展现品牌个性的良好平台。通过故事，品牌能够呈现自己独特的品牌个性，区别于竞争对手。品牌个性的突出有助于在受众中建立品牌的独特形象。

社交媒体是故事传播的重要渠道之一。品牌可以通过社交媒体与受众进行互动，引导受众参与故事的讨论和分享。社交媒体互动有助于扩大故事的传播范围，形成品牌与消费者之间更加密切的关系。

品牌故事不应是一劳永逸的。市场环境和受众的需要不断变化，因此品牌需要不断更新和创新故事。持续的更新和创新有助于保持故事的新鲜感，吸引更多受众的关注。故事传播可以通过多种媒体进行传播，包括文字、图像、视频等。品牌可以整合多媒体元素，使故事更加多样化丰富。不同媒体形式的整合有助于满足不同受众的喜好和习惯。

（四）未来趋势与展望

随着虚拟与增强现实技术的不断发展，品牌故事传播将更加注重虚拟和增强现实的应用。通过虚拟和增强现实技术，品牌可以打造更为沉浸式的故事体验，提升受众的参与感和互动性。未来的趋势将更加注重个性化故事定制。品牌可以通过大数据分析等手段，了解不同受众的兴趣、喜好和行为习惯，为其定制个性化的故事内容。个性化故事定制能够更精准地触达目标受众，提高传播效果。

未来的故事传播将更加注重参与式体验。品牌故事不再是被动传递给受众，而是通过参与的方式，引导受众参与到故事中来。这种互动性将进一步拉近品牌与消费者的距离。社交媒体的发展将使品牌故事传播更加社交化。品牌需要更好地利用社交媒体平台，通过用户生成内容、社群传播等方式，创建品牌在社交媒体上的影响力，实现更广泛的传播。

随着可持续发展理念的普及，品牌将更加关注可持续发展故事的传播。品牌可以通过讲述自身在可持续发展方面的努力和成就，塑造更为积极的品牌形象，赢得消费者的认可。品牌故事将更加注重文化融合与国际化。在全球化的背景下，品牌需要通过故事传播，融入不同文化元素，适应不同国家和地区的文化背景，实现更广泛的国际化传播。

故事传播在品牌建设中具有重要的效果，通过引发情感共鸣、提高品牌认知度、促进品牌忠诚度等方面发挥着积极的作用。影响因素包括故事情节质量、目标受众的了解、媒体渠道的选择、品牌一贯性等方面。实践策略涵盖深入了解目标受众、创造引人入胜的情节、结合视觉元素、强调品牌个性、社交媒体互动、持续更新和创新、整合多媒体传播等方面。

未来趋势展望中，虚拟与增强现实技术的应用、个性化故事定制、参与式故事体验、品牌社交化传播、可持续发展故事和文化融合与国际化等方向将对故事传播产生深远影响。在故事传播的实践中，品牌需要不断创新，结合最新的技术和社会趋势，以适应不断变化的市场环境。个性化、社交化、参与性将成为未来故事传播的重要特征，品牌需要灵活运用这些元素，以建立更紧密的品牌与消费者关系 [1]。

总体而言，故事传播在品牌建设中的效果是多维度的，涉及品牌认知度、情感共鸣、品牌忠诚度、差异化优势、口碑传播等方面。通过深刻理解目标受众、创造引人入胜的情节、整合视觉元素等实践策略，品牌可以更好地借助故事传播实现品牌目标，为自身在市场中赢得竞争优势。

三、品牌传播中的故事营销策略

品牌传播中的故事营销策略是一种通过讲述引人入胜的故事，将品牌的核心价值、文化和特点融入情节中，以达到品牌认知提升、情感共鸣、消费者参与等目的的营销手段。

（一）故事营销的基本原理

故事营销的基本原理之一是通过情感共鸣建立品牌与消费者之间的情感联系。通过讲述有趣、引人入胜的故事情节，品牌能够触发消费者的情感反应，使其更容易与品牌建立深层次的关系。情感共鸣有助于形成积极的品牌印象，提高品牌忠诚度。

故事营销是品牌文化传递的有效途径。通过故事，品牌能够将自身的核心价值观、使命与愿景、文化元素等融入情节中，使消费者更好地理解品牌的独特性和意义。品牌文化的传递有助于形成品牌个性，吸引目标受众的关注。故事营销能够提高品牌的认知度。通过有趣的故事情节，品牌能够在受众中引起关注，使其更容易记住品牌。品牌认知的提升有助于品牌在竞争激烈的市场中脱颖而出，成为消费者首要的选择。

故事营销强调消费者的参与与互动。品牌通过引人入胜的故事情节，激发消费者参与故事的过程，使其成为品牌故事的一部分。这种互动性有助于拉近品牌与消费者的距离，建立更加紧密的关系。

故事营销有助于突出品牌的差异化优势。通过讲述独特的故事，品牌能够突显自身的独特性，与竞争对手形成鲜明的差异。差异化优势的突出有助于品牌在市场中建立更为突出的地位。

（二）故事营销的实践方法

在进行故事营销时，首先需要明确品牌故事的核心信息。这包括品牌的核心价值、使命与愿景、独特卖点等。核心信息明确后，能够更有针对性地构建故事情节，保证故事与品牌的整体形象一致。了解目标受众是故事营销成功的关键。品牌需要深入了解受众的兴趣、需求、价值观等，以确保故事内容能够引起受众的共鸣，定位目标受众有助于故事的

---

① 张建平. 从出口加工区到自由贸易港 [M]. 广州：广东经济出版社，2019：86.

精准传播。

故事情节是故事营销的核心。品牌需要创造引人入胜、具有情节张力的故事情节。情节的引人入胜性能够引发受众的兴趣，使其更愿意深入了解品牌故事。视觉元素在故事营销中起着重要的作用。品牌可以通过图片、图形、视频等方式，将视觉元素融入故事中，使故事更加生动形象。视觉元素的使用有助于提升受众的视觉感受，增强故事的吸引力。

品牌个性是故事营销的灵魂。故事中需要强调品牌独特的个性，突出品牌与众不同的特点。品牌个性的强调有助于在受众中形成深刻的印象，使品牌更具吸引力。社交媒体是故事营销的重要传播渠道。品牌可以通过社交媒体平台，与受众进行互动，引导受众分享故事，参与讨论。社交媒体的互动性有助于扩大故事的传播范围，形成更广泛的影响力。

故事营销不应是一次性的活动，品牌需要持续更新和创新故事。随着时间的推移和市场的变化，品牌故事也需要不断演进，以维持新鲜感和吸引力。持续更新和创新有助于品牌与受众保持互动，让故事传播的效果更加持久。故事营销可以通过多种媒体进行传播，包括文字、图像、视频等。品牌可以整合多媒体元素，使故事更加多样化和丰富。不同媒体形式的整合有助于满足不同受众的喜好和习惯，提升故事的传播效果。

故事营销可以借助浸入式体验设计，使受众更深度地参与到品牌故事中。通过虚拟现实（VR）或增强现实（AR）等技术，品牌可以创造更具沉浸感的故事体验，增强受众的参与感和投入度。品牌在故事营销过程中需要关注数据分析和反馈。通过监测受众的反应、参与度等数据，品牌可以及时调整故事策略，更好地满足受众的需求。数据分析有助于优化故事传播的效果，提高品牌在市场中的影响力。

（三）故事营销在不同营销阶段的应用

在品牌引入阶段，故事营销可以帮助品牌建立初步认知和印象。通过讲述品牌的起源、初创故事，吸引目标受众的关注。在这个阶段，重点是创造一个引人入胜的故事，使受众对品牌产生兴趣。

在品牌巩固阶段，故事营销可以强化品牌形象和文化，通过深化品牌故事，讲述品牌的成长历程、核心价值观，形成品牌的独特性。这有助于巩固消费者对品牌的认知，并培养品牌忠诚度。

在品牌拓展阶段，故事营销可以帮助品牌进一步扩大市场影响力。通过讲述品牌与社会、文化的关系，以及品牌在社会责任方面的努力，吸引更多受众的关注。这有助于品牌在拓展市场时树立积极形象。

在品牌维护阶段，故事营销的重点是与消费者保持互动。通过讲述品牌与消费者的故事，鼓励用户生成内容，促进社交媒体上的分享和讨论。这有助于保持品牌的活跃度和互动性，维持品牌与消费者的关系。

在品牌面临危机时，故事营销可以用于品牌危机处理。通过讲述品牌的反应、改进和振兴故事，品牌能够重建受众对品牌的信任。这种故事传播可以成为品牌危机公关的一部分，帮助品牌重塑形象。

故事营销作为品牌传播的重要策略，通过情感共鸣、品牌文化传递、品牌认知提升、消费者参与与互动、差异化优势的突出等方式，为品牌建立积极形象和深度联系提供了有效途径。在实践中，品牌需要明确核心信息，深入了解目标受众，创造引人入胜的情节，整合视觉元素，强调品牌个性，进行社交媒体互动，持续更新和创新等手段。

在不同营销阶段，故事营销有不同的应用重点，包括建立初步认知、强化品牌形象、拓展市场影响力、与消费者保持互动以及危机处理等。通过合理运用故事营销策略，品牌能够更好地实现传播目标，与受众建立更密切的关系，赢得市场竞争中的优势。

第五节　品牌体验与情感连接

一、品牌体验的重要性与定义

在当今竞争激烈的市场环境中，品牌体验成为品牌建设和营销中的重要组成部分。随着消费者对品牌期望的提高，品牌体验不仅仅是产品本身的使用，更是涉及整个与品牌相关的感知、情感和互动过程。

（一）品牌体验的重要性

品牌体验是消费者决策的关键因素之一。在购买决策过程中，消费者不仅仅关注产品的质量和功能，还关注整个购物过程、品牌的服务、与品牌的互动体验等方面，优秀的品牌体验能够在竞争激烈的市场中吸引消费者的注意，影响其购买决策。

通过独特而积极的品牌体验，品牌能够在消费者心中建立良好的品牌认知和记忆。消费者更容易记住那些给予他们愉悦感受和积极体验的品牌。品牌体验不仅仅是一次性的交互，更是一个长期的品牌建设过程，通过连续的积极体验，品牌能够在消费者心中留下深刻的印象。

良好的品牌体验有助于提高消费者的品牌忠诚度。当消费者在购物或使用过程中得到积极的体验，他们更有可能成为品牌的忠实支持者，忠诚的消费者不仅会选择再次购买该品牌的产品或服务，还可能通过口碑传播积极的品牌形象，为品牌赢得更多的市场份额。

在同质化产品和服务充斥市场的情况下，品牌体验成为品牌实现差异化竞争的重要手段。通过创造独特的、与众不同的品牌体验，品牌能够在竞争激烈的市场中脱颖而出，吸引目标受众的关注。

品牌体验是塑造品牌形象和传递品牌价值观的有效途径。通过品牌体验，品牌能够向消费者传递自身的文化、理念和价值观。这有助于建立品牌的独特个性，与受众建立更加深层次的情感联系。

积极的品牌体验成为消费者口碑的源泉。当消费者在购物或使用过程中得到愉悦和满意的体验，他们更有可能通过口口相传，分享积极的品牌感受。社交分享成为品牌在数字化时代扩大影响力的有力方式，而品牌体验是引发分享的关键因素之一。

（二）品牌体验的定义

品牌体验不仅仅是产品或服务本身，更是涉及消费者与品牌之间的各种接触和互动。品牌体验可以被定义为消费者在与品牌交互的过程中所感知、体验到的一系列感觉、情感、认知和行为的整体。以下是品牌体验的几个关键要素：

品牌体验包括消费者在接触品牌时所产生的情感体验。这包括愉悦、满足、兴奋等多种积极情感，也包括失望、不满、愤怒等负面情感。品牌通过营造积极的情感体验，能够更好地吸引消费者，建立积极的品牌印象。消费者的感知体验涉及产品或服务的质量、外观、包装等方面。品牌需要关注消费者对产品的感知体验，确保产品在质量和外观上能够满足消费者的期望，从而建立良好的品牌形象。

品牌体验还包括消费者对品牌的认知体验。这涉及品牌的知名度、认知度、在消费者心目中的地位等方面。品牌通过不断的营销和传播活动，塑造积极的认知体验，提升品牌在消费者心中的形象。

互动体验是品牌体验中至关重要的一环。这包括消费者与品牌之间的各种互动，例如购物过程、客户服务、在线社交互动等。品牌需要关注互动体验的每个环节，确保消费者在与品牌的互动中感受到便利、友好和个性化的服务，从而加深与品牌的关系。品牌体验也涉及消费者在与品牌互动后的行为。这包括购买决策、品牌忠诚度、口碑传播等方面。品牌通过创造积极的行为体验，可以促使消费者更频繁地选择该品牌的产品或服务，并成为品牌的忠实支持者。

品牌体验是一个全程的过程，涵盖了消费者从品牌认知到购买决策再到使用或消费的整个过程。全程体验需要品牌在每个环节都提供一致、连贯的品牌形象和服务，确保消费者在整个过程中都能够感受到品牌的关怀和价值。

（三）创造卓越品牌体验的关键要素

品牌体验需要在各个渠道和接触点上保持一致性。无论是线上还是线下，无论是在产品还是服务中，品牌都应该提供一致的体验，使消费者感受到品牌的稳定性和可靠性。个性化是创造卓越品牌体验的要素之一。品牌需要了解消费者的个性化需求，通过定制化的服务、个性化的推荐等方式，让消费者感到品牌真正关心他们的需求，从而提升品牌的亲和力。

创新是品牌体验的驱动力之一。品牌需要不断引入新的元素、新的技术，以提高品牌体验的新鲜感和吸引力。创新有助于品牌在市场中保持领先地位，吸引更多的目标受众。品牌关怀和服务是卓越品牌体验的核心。通过提供优质的客户服务、关注消费者的反馈和需求，品牌能够在消费者心中建立良好的形象，增强品牌的信任度。

情感共鸣是创造深刻品牌体验的关键。品牌需要通过故事、文化、品牌理念等方式，与消费者建立情感连接。情感共鸣有助于消费者在品牌体验中产生积极的情感体验，从而形成深层次的品牌关系。

品牌需要不断收集消费者的反馈，并及时进行改进。通过倾听消费者的意见和建议，品牌能够更好地满足消费者的需求，提高品牌体验的质量。品牌体验在当今商业环境中已经变得至关重要，通过影响消费者决策、建立品牌认知和记忆、提高品牌忠诚度、差异化竞争等方面，品牌体验在品牌建设和营销中发挥着重要作用。品牌体验的定义涵盖了消费者在与品牌交互的全过程中的感知、情感、认知和行为。创造卓越品牌体验的关键要素包括一致性、个性化、创新、关怀和服务、情感共鸣、反馈和改进等。

品牌需要注重在各个环节提供一致且积极的品牌体验，以建立强大的品牌形象并赢得消费者的信任和忠诚。通过不断地创新和关注消费者的需求，品牌能够在竞争激烈的市场中脱颖而出，取得持续的商业成功。

二、情感连接在品牌塑造中的作用

在当今商业环境中，品牌塑造不仅仅是关于产品和服务的呈现，更涉及品牌与消费者之间创建情感连接的过程。情感连接在品牌塑造中的作用愈发凸显，成为品牌营销的重要战略之一。

（一）情感连接的概念

情感连接是指品牌与消费者之间基于情感的紧密联系。这种联系超越了单纯的交易关系，涉及共鸣、共情和共享价值观。情感连接建立在消费者对品牌产生积极情感的基础上，使其对品牌产生忠诚、认同和深层次的情感依恋。

情感连接的要素包括情感共鸣、品牌个性、信任、共鸣体验等。情感共鸣是消费者对品牌故事或形象产生共鸣的能力，品牌个性是品牌在消费者心目中形成独特性的特质，信任是基于品牌过去行为和表现而建立的关系，共鸣体验是品牌通过产品或服务引发消费者共鸣的具体经历。

（二）情感连接在品牌塑造中的作用

情感连接有助于增强品牌在消费者心中的认知度。通过在情感层面与消费者建立联系，品牌能够在庞大的市场中脱颖而出，使其更容易被消费者所认知。消费者对品牌形成积极的情感连接后，更愿意选择该品牌，从而提升品牌的认知度。

情感连接是塑造品牌形象的重要手段。通过传递品牌的核心价值观、文化和情感共鸣的故事，品牌能够在消费者心中建立积极的形象。品牌形象不仅仅是产品或服务的外在表现，更是品牌与消费者之间情感连接的结果。情感连接是提升品牌忠诚度的关键因素。当消费者在情感上与品牌建立深层次的连接时，他们更有可能成为品牌的忠实支持者。忠诚的消费者不仅会选择持续购买品牌的产品或服务，还可能通过口碑传播积极的品牌形象，形成品牌生态系统。

情感连接创造了品牌与消费者之间的共鸣。品牌共鸣是指消费者对品牌产生深刻理解和认同的状态。通过共享相似的价值观、情感体验，品牌能够在消费者心中形成共鸣，使其更容易理解和接受品牌的信息。情感连接有助于建立持久的品牌关系。持久的品牌关系不仅意味着消费者对品牌的长期忠诚，而且还包括对品牌的信任和对品牌的情感投入。这种关系使品牌能够在市场竞争中保持稳定的地位，形成品牌与消费者之间长期稳定的互动，促使消费者更愿意选择品牌的产品或服务。

情感连接是提高品牌竞争力的重要因素之一。在同质化产品充斥市场的情况下，品牌之间的差异化往往不仅仅体现在产品功能上，更体现在与消费者建立的情感连接上。品牌通过情感连接能够形成独特的品牌印象，使其在竞争中脱颖而出，吸引更多的消费者选择。

情感连接有助于降低市场风险。当消费者对品牌产生强烈的情感连接时，他们更愿意忽略其他竞争品牌的诱惑，保持对品牌的忠诚度。这种忠诚度降低了品牌在市场上受到的市场波动的影响，使品牌更加稳健。

（三）情感连接的关键构建要素

品牌故事是构建情感连接的重要载体。通过讲述品牌的起源、发展历程、核心价值观等故事，品牌能够触发消费者情感共鸣，使其更容易产生情感连接。品牌故事需要真实、感人、有深度，以引起消费者的共鸣体验。品牌文化是构建情感连接的内在动力。品牌文化涉及品牌的核心价值观、使命感、愿景等方面。当品牌的文化与消费者的价值观相契合时，容易产生共鸣，从而构建情感连接。品牌文化需要通过多种方式，如广告、活动等传播给消费者。

消费者参与是建立情感连接的互动方式。品牌可以通过各种方式，如社交媒体互动、用户体验活动等，鼓励消费者参与品牌的建设和发展，消费者参与不仅能够增加品牌与消费者之间的互动性，还能够加深情感连接。

品牌个性是品牌在消费者心目中形成独特性的特质。品牌个性需要与目标消费者群体相契合，使其能够在众多品牌中脱颖而出。通过塑造鲜明、有趣、有个性的品牌形象，品牌能够更容易产生情感连接。品牌信任是构建情感连接的基础。消费者对品牌产生信任是情感连接的先决条件。品牌信任涉及品牌的诚实、透明度、对消费者需求的尊重等方面。当消费者觉得品牌值得信赖时，他们更愿意与品牌建立深层次的情感连接。

共鸣体验是指品牌通过产品或服务引发消费者共鸣的具体经历。这可能是一次愉悦的购物体验、一次感人的品牌活动参与等。共鸣体验使消费者对品牌产生深刻的情感连接，促使其更加忠诚。

（四）品牌营销中的情感连接策略

感人的广告能够触发消费者的情感共鸣。通过讲述情感丰富、引人入胜的故事，品牌能够在广告中传递出自己的情感温度，使消费者更容易与品牌建立情感连接。社交媒体是构建情感连接的重要平台。品牌可以通过社交媒体与消费者进行直接互动，回应消费者的需求和反馈，提供个性化的服务和体验，增加品牌与消费者之间的情感连接。

品牌活动是促使消费者参与的有效方式。通过举办有趣、有意义的品牌活动，品牌能够鼓励消费者亲身参与，体验品牌文化和价值观，从而加深情感连接。鼓励用户生成内容是建立情感连接的策略之一。当消费者愿意分享与品牌相关的内容，如使用体验、购物瞬间等，他们更深度地参与到品牌建设中，形成共鸣体验，加强情感连接。

建立有效的客户关系管理是情感连接的关键。通过对客户进行个性化的服务、定期的关怀和沟通，品牌能够增加与消费者之间的情感联系。定期的反馈和沟通可以加深品牌对消费者的理解，使品牌更好地满足消费者的需要。

品牌参与社会责任也是构建情感连接的重要策略。当品牌展示对社会的关注和积极参与社会责任活动时，消费者更容易与品牌建立情感共鸣，认同品牌的价值观，形成情感连接。

个性化体验是品牌营销中的一项重要策略。通过了解消费者的偏好、需求，品牌能够为其提供个性化的产品和服务体验，增加品牌与消费者之间的情感连接。情感数据分析是一种有效的工具，帮助品牌了解消费者的情感反馈。通过分析消费者在社交媒体、在线评论等平台上的情感表达，品牌能够更准确地了解消费者的情感需求，优化品牌策略，提高情感连接效果。

（五）品牌管理中的挑战与应对

在不同的市场、渠道和平台上，品牌很容易面临一致性难题。要建立情感连接，品牌需要在各个方面保持一致，包括品牌形象、品牌故事、品牌文化等。面对这一挑战，品牌需要建立完善的品牌管理体系，确保在不同环境中呈现出一致的情感形象。

建立信任是构建情感连接的基础，但在竞争激烈的市场中，消费者对品牌的信任难以轻松建立。品牌需要通过真实、透明的品牌行为，以及稳定可靠的产品和服务，来赢得消费者的信任。建立信任是一个长期的过程，需要品牌持续投入。

一旦建立了情感连接，品牌需要不断维护。随着时间的推移和市场的不断变化，消费者的需求和情感也会发生变化。品牌需要通过不断创新、关注消费者的反馈、调整品牌策略等方式，保持与消费者的深层次情感连接。对于跨国品牌来说，跨文化挑战是构建情感连接时需要面对的问题之一。不同文化背景的消费者对情感的表达和体验方式存在差异，品牌需要根据不同文化背景进行精准定位和定制策略，以在不同地区建立有效的情感连接。

消费者的反馈是品牌构建情感连接过程中的重要参考。然而，品牌在面对消费者的负面反馈时需要善于处理，及时回应并采取有效的改进措施。忽视或不适当处理消费者的反馈可能会影响情感连接的建立和维护。

情感连接在品牌塑造中的作用不可忽视。通过建立情感共鸣、创造共鸣体验、构建品牌个性等手段，品牌能够与消费者建立深层次的情感连接，增强品牌认知度、塑造品牌形象、提升品牌忠诚度。然而，构建情感连接并非一蹴而就，品牌需要面对一致性难题、建立信任的难度、情感连接的维护等挑战。通过合理的品牌管理策略、精准的品牌定位以及灵活应对市场变化，品牌可以有效应对这些挑战，持续构建和维护与消费者之间的情感连接，实现品牌的长期发展。

三、品牌情感体验与消费者忠诚度之间的关系

在当今竞争激烈的市场中，品牌情感体验和消费者忠诚度之间存在着密不可分的联系。品牌情感体验是指消费者在品牌接触过程中所产生的情感体验，包括情感共鸣、品牌认同和情感连接等方面，而消费者忠诚度则是指消费者对于某一特定品牌的持续选择和支持程度。

（一）品牌情感体验的概念

品牌情感体验是指消费者在品牌接触和互动中所产生的情感感受和体验。这种体验超越了产品或服务本身的功能，更强调消费者在品牌接触过程中产生的情感共鸣、愉悦感、认同感等方面的感受。品牌情感体验涵盖了消费者对品牌形象、品牌文化、品牌故事等方面的情感反应。

品牌情感体验的要素包括情感共鸣、品牌认同、品牌亲和力、情感连接等。情感共鸣是指消费者对品牌传递的情感信息产生共鸣的程度，品牌认同是指消费者对品牌核心价值观和文化的认同程度，品牌亲和力是指消费者对品牌的好感程度，情感连接是指品牌与消费者之间建立的情感纽带。

（二）品牌情感体验与消费者忠诚度的关系

品牌情感体验对消费者忠诚度有着深远的影响。当消费者在品牌接触中产生积极的情感体验时，他们更容易对品牌产生情感连接，建立起对品牌的信任和认可。这种情感体验可以激发消费者对品牌的忠诚度，使其更愿意持续选择该品牌的产品或服务。

品牌情感体验有助于强化品牌与消费者之间的情感连接。通过创造愉悦、独特、个性化的情感体验，品牌能够在消费者心中留下深刻的印象，加深与消费者之间的情感联系。情感连接的强化使得消费者更倾向于选择该品牌，形成长期的忠诚关系。

品牌情感体验是建立消费者忠诚度的关键因素之一。消费者在品牌接触中产生积极的情感体验，往往会转化为对品牌的忠诚度。这种忠诚度不仅表现为持续购买行为，还体现在积极的口碑传播、品牌推荐等方面。品牌情感体验在忠诚度的建立过程中发挥着引导作用。

（三）品牌情感体验对消费者忠诚度的作用机制

情感共鸣是品牌情感体验的核心要素之一。当消费者在品牌接触中能够与品牌传递的情感信息产生共鸣时，他们更容易产生积极的情感体验。这种情感共鸣可以促进消费者对品牌形成深层次的认同和喜爱，从而增强忠诚度[①]。

品牌情感体验有助于建立消费者对品牌的认同感。通过在品牌接触中传递清晰、积极的品牌核心价值观和文化，品牌能够引导消费者对品牌产生认同感，认同感使得消费者更愿意与品牌建立长期的关系，提升忠诚度。

情感连接是品牌情感体验的最终目标。通过在品牌接触中创造深刻的情感体验，品牌能够在消费者心中建立起稳固的情感连接。这种连接不仅体现为消费者对品牌的喜爱和信任，还包括情感上的投入和参与，使得消费者更加忠诚于品牌。品牌情感体验有助于提升消费者对品牌的亲和力。通过创造愉悦、亲切、个性化的情感体验，品牌能够在消费者心中形成良好的形象，增加亲和力。消费者对品牌的亲和力使得他们更容易产生情感连接，进而提高忠诚度。

---

① 柴寿升，庄晓程.品牌联合对主品牌忠诚度的溢出效应研究——基于联合匹配度与消费者体验影响的视角 [J].青岛科技大学学报（社会科学版），2021（2）：44-52.

品牌情感体验直接影响消费者在购物过程中的愉悦感。当消费者在品牌接触中体验到愉悦、舒适的情感，他们更愿意选择品牌的产品或服务。愉悦购物体验使得消费者对品牌形成积极的印象，促进忠诚度的建立。

（四）提升品牌情感体验的策略

强调品牌核心价值观是提升品牌情感体验的有效策略之一。通过清晰传递品牌的核心价值观，使消费者能够在品牌接触中感受到品牌所强调的情感元素，从而产生积极的情感体验。独特的品牌文化能够为消费者提供与众不同的情感体验。通过塑造独特、有趣、引人入胜的品牌文化，品牌能够在消费者心中留下深刻的印象，强化品牌与消费者之间的情感连接。

产品设计和体验是品牌情感体验的关键方面。注重产品的外观、质感、功能设计，以及提供愉悦、便捷的购物体验，能够直接影响消费者在品牌接触中的情感体验，从而提高忠诚度。创新的营销活动能够为消费者提供新颖、有趣的品牌体验。通过创意十足、引人注目的营销活动，品牌能够引发消费者的兴趣和参与，加深情感体验，促进忠诚度的形成。

个性化服务是提升品牌情感体验的有效途径。了解消费者的需要、喜好，为其提供个性化的服务和定制化的体验，能够让消费者感受到品牌的关心和关注，增强情感连接。品牌传播是构建品牌情感体验的关键环节。通过在广告、社交媒体等渠道传递充满情感色彩的品牌信息，能够引发消费者的情感共鸣，提高情感体验，推动忠诚度的提升。

建立品牌社区是促进消费者情感体验的有效手段。通过在线或线下的社区建设，品牌能够让消费者共同分享情感体验，形成彼此之间的情感连接，加深忠诚度。

（五）面临的挑战与应对策略

消费者个性化需求的多样性是提升品牌情感体验面临的挑战。品牌需要更加细致入微地了解不同消费者的个性化需求，提供更加精准的个性化服务和体验，以满足多样性的情感体验。跨文化传播是品牌情感体验面临的挑战之一。不同文化背景的消费者对情感的表达和体验方式存在差异。品牌需要结合不同文化的特点，制定差异化的情感体验策略，以适应全球市场的需求。

在多渠道、多平台的市场环境下，品牌一致性的难度增加。品牌需要建立完善的品牌管理体系，保证在不同渠道和平台上呈现一致的情感体验，维护品牌形象的一贯性。消费者反馈是品牌情感体验不可忽视的一部分。品牌需要善于接受和处理消费者的反馈，及时调整策略和服务，以提升消费者的情感体验，维护品牌与消费者之间的关系。

品牌情感体验与消费者忠诚度之间的关系是品牌管理中的重要课题。通过强调情感共鸣、品牌认同、情感连接等要素，品牌能够在消费者心中建立深刻的情感体验，从而促进消费者对品牌的忠诚度。然而，在提升品牌情感体验的过程中，品牌需要面对个性化需求的多样性、跨文化传播的难题等挑战。通过创新策略、注重个性化服务、建立品牌社区等手段，品牌能够更好地应对这些挑战，进一步提升品牌情感体验，增强消费者忠诚度。

第三章　自由贸易港品牌定位

第一节　品牌定位的重要性

一、品牌定位对市场竞争的影响

品牌定位是企业在市场中塑造自身形象、传递价值观念、满足目标消费者需求的关键策略。在竞争激烈的商业环境中，品牌定位的合理性和有效性直接影响着企业在市场竞争中的地位和表现[①]。

（一）品牌定位的概念

品牌定位是指企业在目标市场中选择并占据一个独特的、有差异化的位置，以满足目标消费者的需求，并与竞争对手形成区隔。品牌定位旨在通过独特的品牌形象和特征，使消费者对该品牌形成独特的认知和印象。

品牌定位的要素包括目标市场、差异化优势、核心价值观、竞争对手等。通过明确定位的目标市场，企业能够更有针对性地满足消费者需要；通过差异化优势，企业能够在竞争中脱颖而出；通过核心价值观，企业能够传递品牌的文化和理念，吸引目标消费者。

（二）品牌定位对市场竞争的影响

品牌定位直接塑造了品牌的形象，决定了消费者对品牌的认知和评价，合理的品牌定位能够使品牌在消费者心中形成积极的形象，增加品牌的知名度和美誉度。通过明确的品牌形象，品牌能够在市场竞争中占据有利位置。品牌定位有助于精确满足目标消费者的需求。通过明确定位的目标市场和消费者群体，品牌可以更深入地了解他们的需求、喜好和行为特征。有针对性地满足消费者需求可以提高产品或服务的市场适应性，增强在市场竞争中的竞争力。

品牌定位的核心是差异化，即使品牌在目标市场中找到独特的、与竞争对手不同的位置。通过差异化优势，品牌能够在消费者心中形成独特的印象，使其在选择产品或服务时更倾向于选择该品牌。建立差异化优势是在市场竞争中脱颖而出的有效途径。

---

① 于欣.品牌定位在市场营销战略中的地位 [J]. 中国市场，2021（13）：135-136.

品牌定位直接关系到品牌在市场上的竞争力。通过明确的品牌定位，企业能够更好地应对竞争对手的挑战，抢占市场份额。合理的品牌定位有助于提高品牌的市场认知度，使其在市场竞争中处于更有利的地位。

品牌定位是品牌价值观的传递者。通过核心价值观的明确定位，品牌能够向消费者传递清晰的品牌理念和文化，品牌价值的传递不仅加深了品牌与消费者之间的情感连接，也使品牌在市场竞争中树立起更为深厚的品牌基础。消费者在购买决策中往往会考虑品牌的价值观是否与自身价值观相契合，品牌通过清晰的定位传递的价值观能够吸引更多共鸣的消费者，增加市场份额。

（三）品牌定位的挑战与应对策略

市场需求的变化是品牌定位面临的挑战之一。消费者的喜好、价值观随着时代变化而发生变化，品牌需要不断调整定位以适应市场的新需求。应对策略是保持敏锐的市场洞察，不断调整品牌形象，确保与消费者保持密切连接。在激烈的市场竞争中，品牌可能会面临来自竞争对手的挑战。为应对竞争，品牌需要保持对竞争对手的监测，不断优化产品、服务，找到差异化的优势，使得品牌在竞争中脱颖而出。

在多渠道、多平台的市场中，品牌定位的一致性是一个挑战。品牌需要确保在不同渠道和平台上呈现一致的品牌形象，以防止定位的混乱。应对策略是建立完善的品牌管理体系，加强内部沟通，确保品牌形象的一致性。

消费者的反馈对于品牌定位至关重要。及时处理消费者的反馈，了解市场的实际反应，有助于品牌更好地调整和优化定位策略。品牌需要创建有效的反馈机制，确保能够及时获取并回应消费者的意见和建议。品牌定位作为市场竞争中的重要策略，对于塑造品牌形象、满足消费者需求、建立差异化优势等方面有着深远的影响。然而，品牌定位也面临市场需求变化、竞争对手压力、一致性难题等挑战，需要企业保持敏锐的市场洞察，灵活调整策略。

在未来的市场竞争中，品牌定位仍将是企业成功的关键之一。企业需要不断深化对目标市场和消费者的理解，保持品牌形象的一致性，灵活调整定位策略以适应市场变化。通过有效的品牌定位，企业能够在竞争中取得更大的市场份额，建立更牢固的品牌地位。

二、品牌定位与目标客户群体的关系

在当今复杂多变的市场环境中，品牌定位和目标客户群体的关系至关重要。品牌定位是企业在市场中选择并占据一个独特的、有差异化的位置，以满足目标客户的需求，而目标客户群体则是企业通过市场细分确定的具体消费者群体[①]。

（一）品牌定位的概念

品牌定位是企业在市场中选择并占据的独特、有差异性的位置，以在目标客户心中形成独特的品牌印象。品牌定位不仅包括产品或服务的特征，还涉及品牌的核心价值观、文

---

① 付业勤，罗艳菊，司婷婷. 自由贸易港建设背景下文化软实力与国际旅游消费中心协同发展研究 [M]. 长春：吉林大学出版社，2020：56.

化和市场定位。通过品牌定位，企业能够在竞争激烈的市场中找到自己的位置，吸引并留住目标客户。

品牌定位的要素包括目标市场、差异化优势、核心价值观、竞争对手等。明确定位的目标市场能够使企业更有针对性地满足消费者的需求，差异化优势有助于在竞争中脱颖而出，核心价值观则是品牌定位的灵魂，能够为品牌赋予深刻的内涵。

（二）目标客户群体的概念

目标客户群体是企业在市场中确定的最具潜力、最符合企业产品或服务特征的消费者群体。通过市场细分和目标市场的选择，企业能够明确自己的目标客户，并将市场活动和营销策略更精准地定向到这一群体。

目标客户群体的要素包括消费者特征、需求特点、购买行为等。通过了解目标客户的年龄、性别、收入水平、生活方式等方面的特征，企业能够更好地满足他们的需要，提供更贴近客户心理的产品或服务。

（三）品牌定位与目标客户群体的紧密关系

品牌定位的第一步是明确定位的目标市场，而目标市场即是目标客户群体。企业通过对目标客户的深入了解，包括其喜好、购买行为、价值观等方面的信息，确定自己在市场中的定位，品牌定位的成功与否直接取决于企业对目标客户的精准洞察。

品牌定位不仅仅是企业在市场中的位置，更是品牌在消费者心目中的形象。通过明确的品牌定位，企业能够向目标客户传递清晰的品牌形象，使其在众多竞争品牌中脱颖而出。品牌形象的建立离不开对目标客户群体的深入了解和精准定位。

品牌定位的核心是满足目标客户的需求。通过了解目标客户的需求特点，企业能够有针对性地调整产品或服务特征，使其更符合客户期望。品牌定位需要紧密围绕客户需求展开，以实现对目标客户的深度吸引。

品牌定位不仅仅是企业对自己的定位，更是消费者对品牌的认知和选择。目标客户在面对市场上众多选择时，会更倾向于选择与自己需求契合、符合价值观的品牌。因此，品牌定位的合理性直接影响目标客户的选择。通过明确定位，品牌能够在目标客户心中建立差异化的印象，使其更有可能成为客户首选的品牌。

品牌定位中的核心价值观是品牌与目标客户之间情感连接的桥梁。目标客户在选择品牌时，往往会考虑品牌是否代表了他们自己的价值观和生活态度。品牌通过清晰的核心价值观，能够赢得目标客户的认同，建立更深层次的品牌忠诚度。

品牌定位不仅仅是企业内部的定位策略，更是对外的沟通工具。通过品牌定位，企业能够向目标客户传递自己的独特卖点、特色和理念。目标客户通过品牌定位，能够更直观地理解品牌的特点，从而做出更明智的购买决策。

（四）品牌定位与目标客户群体的挑战与应对策略

消费者需求的变化是品牌定位面临的挑战之一。随着社会、经济的不断发展，消费者的需求也在不断变化。品牌需要保持对目标客户的敏感度，定期调整品牌定位，以适应市场的变化。在竞争激烈的市场中，竞争对手可能会采取类似的定位策略，争夺相同的目标客户。品牌需要保持对竞争对手的监测，不断寻找差异化的优势，使品牌在竞争中脱颖而出。

品牌一致性是品牌定位成功的关键。在多渠道、多平台的市场中，保持品牌形象的一致性是一个挑战。品牌需要建立完善的品牌管理体系，保证在不同渠道和平台上呈现一致的品牌形象。目标客户群体细分的复杂性是品牌定位的挑战之一。随着市场的多元化，目标客户群体可能涉及不同的年龄层、文化背景、兴趣爱好等。品牌需要在细分目标客户群体时保持灵活性，以更精准地满足不同群体的需求。

品牌定位与目标客户群体之间的关系是企业成功的基石。通过明确的品牌定位，企业能够更精准地满足目标客户的需求，建立更为深刻的品牌形象。目标客户群体不仅是品牌定位的基础，更是品牌成功的关键。企业需要通过深入了解目标客户的特征、需求、价值观，以制定更有效的品牌定位策略。通过品牌定位与目标客户群体的密切关系，企业可以在市场竞争中取得优势，建立强大的品牌地位。品牌定位的成功不仅在于企业对市场的洞察，更在于对目标客户的深入理解。企业需要通过市场研究、消费者洞察等手段，全面把握目标客户的特征，以确定差异化的品牌定位。此外，企业还需要不断关注市场的变化，灵活调整品牌定位，以适应消费者需求的变化。

目标客户群体的细分也是品牌定位成功的关键。在细分目标客户时，企业需要考虑多方面因素，包括年龄、性别、兴趣爱好、购买力等。通过对目标客户群体的细分，企业能够更精准地制定定位策略，提高品牌在目标市场中的影响力。

品牌定位与目标客户群体的协同作用不仅在于产品或服务的特征，更在于共鸣和情感连接。通过清晰的品牌形象和核心价值观，企业能够与目标客户建立深层次的情感连接，增强品牌忠诚度。

在面对市场竞争和变化时，企业需要灵活应对，及时调整品牌定位。不仅要关注竞争对手的动态，还要关注目标客户的变化，以确保品牌在市场中保持竞争力。

综合而言，品牌定位与目标客户群体的关系是品牌成功的关键之一。通过深入了解目标客户，企业能够制定更具针对性的品牌定位策略，满足消费者的需求，建立差异化优势，提高在市场中的竞争力。在未来的市场竞争中，企业需要持续关注市场动态，灵活调整定位策略，以适应消费者的变化和市场的发展。通过不断优化品牌定位与目标客户的关系，企业将能够在竞争激烈的市场中取得更为长久和可持续的成功。

三、定位在自由贸易港品牌战略中的地位

自由贸易港作为经济全球化的产物，已经成为各国经济体系中的重要组成部分。在自由贸易港的建设和发展中，品牌战略是至关重要的一环，而品牌战略中的定位更是决定品牌在市场中位置的关键。

（一）自由贸易港的背景与特点

自由贸易港是指在一定范围内，实行相对开放的贸易政策，对商品和资本的进出口实行较为宽松的管理和监管制度，以吸引国际贸易和投资。自由贸易港的建设旨在提高经济

效益、促进贸易自由化，吸引跨国企业和国际资本，促进经济的快速发展。自由贸易港通常享有较高的贸易自由度，对商品的进口和出口往往受到较少的限制，有利于国际贸易的发展。

自由贸易港为吸引外国投资提供了便利条件，包括税收政策、外汇管理等方面的优惠政策，鼓励跨国企业在该地区设立业务。自由贸易港通常建立了相对完善的法律体系，提供法治环境，保障企业和投资者的合法权益。

自由贸易港通常拥有发达的金融体系，包括国际化的银行、证券市场等，为企业提供便利的融资和投融资渠道。

（二）品牌战略在自由贸易港的重要性

品牌战略是企业为了实现长期竞争优势而制定的一系列计划和方针，品牌战略包括品牌定位、品牌目标、品牌愿景等内容，旨在通过建设独特的品牌形象，吸引目标消费者，提升市场占有率和盈利能力。在竞争激烈的市场环境中，通过独特的品牌战略能够使企业在众多竞争对手中脱颖而出，建立自身的竞争优势。

品牌战略通过明确定位和独特的品牌形象，有助于吸引目标客户，提高他们对品牌的认知和忠诚度。通过有效的品牌战略，企业能够在市场中取得更大的份额，提高品牌在目标市场中的占有率。有力的品牌战略不仅能够推动企业在市场中的发展，还能够提升企业的整体价值，增强其在行业中的地位。

（三）定位在自由贸易港品牌战略中的地位

定位是品牌战略中的重要概念，指的是企业在目标市场中选择并占据的独特、有差异性的位置。定位决定了该品牌在消费者心目中的位置和形象，是品牌战略中的核心要素之一。

通过明确定位，企业能够在竞争激烈的市场中找到差异化的优势，从而在同类产品或服务中脱颖而出。定位有助于企业更精准地满足目标客户的需求，提供符合他们期望的产品或服务。定位决定了品牌在消费者心中的形象，有助于建立清晰、一致的品牌形象，提高品牌的知名度和美誉度。有效的定位能够吸引目标客户，并建立深层次的情感连接，提高品牌忠诚度，使客户更愿意选择该品牌。

在自由贸易港的背景下，品牌战略中的定位具有特殊的地位和作用，主要体现在以下几个方面：

（1）吸引国际资本和企业

自由贸易港通常吸引国际资本和企业，使得各类企业在该地区开展业务。在这一背景下，品牌的定位成为吸引国际资本和企业的关键因素之一。通过清晰的定位，企业能够向国际市场传递自身独特的价值和优势，从而在激烈的竞争中脱颖而出，吸引更多的国际投资和企业进驻。

（2）塑造自由贸易港形象

自由贸易港本身也是一个品牌，它需要在国际舞台上建立良好的形象。品牌定位有助于自由贸易港树立独特、积极的形象，使其在国际贸易和投资领域具备更高的竞争力。通过定位，自由贸易港能够向全球传递其优越的贸易环境、法治体系、金融体系等方面的特点，增强其在国际经济中的吸引力。

（3）推动自由贸易港的特色产业发展

自由贸易港通常会发展一些特色产业，以提升其在国际市场的竞争力。品牌定位在这一过程中起到了引导和推动的作用。通过明确的定位，自由贸易港能够聚焦于特定的产业方向，形成有特色、有竞争力的产业集群，吸引更多企业和投资者参与。

（4）吸引国际消费者和游客

自由贸易港通常也会注重发展零售、旅游等领域，吸引国际消费者和游客。在这一过程中，品牌定位对于吸引目标客户至关重要。通过明确的品牌定位，自由贸易港能够向国际消费者和游客传递独特的购物和旅游体验，提高其在国际旅游市场的知名度和吸引力。

（5）提高自由贸易港的国际竞争力

品牌定位是提高自由贸易港国际竞争力的重要手段之一。通过差异化的品牌定位，自由贸易港能够在众多国际竞争对手中脱颖而出，建立独特的国际形象。在国际市场上，竞争不仅仅是贸易和投资的竞争，更是形象和认知的竞争，品牌定位在这一过程中起到了决定性的作用。

（四）品牌定位在自由贸易港发展中的挑战与应对策略

自由贸易港通常涉及国际市场，面对多元化的文化、语言和习惯，品牌定位可能会面临国际化的挑战。应对策略包括深入了解目标国际市场的特点，灵活调整品牌定位，以适应不同文化环境。自由贸易港吸引了大量企业进驻，形成激烈的竞争局面。品牌定位需要在竞争中找到差异化的优势，吸引目标客户，应对策略包括不断创新，提高产品或服务的独特性，以脱颖而出[1]。

随着时间的推移，自由贸易港面临着经济、社会等多方面的变化。品牌定位需要与时俱进，不断调整以适应新的市场环境。应对策略包括建立敏感的市场监测体系，及时获取市场信息，灵活调整品牌定位策略。自由贸易港的政策可能受到国际政治和经济环境的影响，品牌定位需要考虑政策风险。应对策略包括建立与政府的紧密合作关系，了解政策动态，以降低政策风险对品牌定位的影响。

在自由贸易港的发展中，品牌定位是品牌战略中的关键要素，具有重要的地位。通过明确的品牌定位，自由贸易港能够在国际市场中建立独特的形象，吸引国际资本、企业、消费者和游客。然而，在面对国际化、竞争激烈、持续发展和政策风险等方面的挑战时，品牌定位需要灵活应对，不断调整以适应不断变化的市场环境。

---

① 颜鹏 . 品牌定位在市场营销战略中的地位分析 [J]. 现代商贸工业，2019（8）：38-40.

第二节　自由贸易港的核心价值与定位

一、突出自由贸易港的核心竞争力

自由贸易港作为国际贸易的重要枢纽，其核心竞争力的突出对于吸引国际投资、推动经济发展至关重要。以下将深入探讨如何突出自由贸易港的核心竞争力，通过有效的品牌定位、战略选择和政策支持，使其在全球贸易中占据有利地位。

（一）自由贸易港的核心竞争力概述

自由贸易港是指在一定范围内实行较为宽松的贸易政策，以促进国际贸易和投资为目的，对商品和资本的进出口实行较少的限制。自由贸易港通常拥有独特的法规制度、税收政策和金融体系，吸引国际企业在此设立业务。

核心竞争力是企业或地区在市场中相对于竞争对手的独特优势，是能够使其在竞争中脱颖而出、取得市场份额的关键因素。对于自由贸易港而言，核心竞争力直接关系到其在全球贸易中的地位和吸引力。

（二）突出核心竞争力的品牌定位

品牌定位是企业为了在目标市场中占据独特地位而制定的一系列策略，旨在通过明确定位、独特的形象和差异化的价值主张，吸引目标客户，建立品牌在消费者心中的独特地位。品牌定位与核心竞争力密不可分，品牌定位是体现核心竞争力的一种手段，通过品牌定位，自由贸易港能够准确定位自身在全球贸易中的角色和地位，强调其独特的法规制度、税收政策和金融体系等优势，从而在全球市场中形成独特的核心竞争力。

自由贸易港在品牌定位中应强调其法规制度的透明和稳定性，吸引国际企业在此投资。这需要通过宣传政府的法治环境、建设健全的法规框架，以及提供法律服务支持等手段来实现。自由贸易港通常享有较低的税收政策，品牌定位应突出其在税收方面的优势。通过宣传税收政策的灵活性、优惠幅度，吸引国际企业在此注册、生产和销售[1]。

自由贸易港的金融体系国际化是其核心竞争力之一，品牌定位应凸显其在金融领域的国际影响力。通过引入国际性的金融机构、举办国际性金融活动等方式，提升金融体系的国际化水平。品牌定位应将自由贸易港定位为创新和科技发展的引领者。通过引进高新技术企业、支持研发创新项目，强调自由贸易港在科技和创新领域的优势。

（三）战略选择与核心竞争力的协同作用

战略选择是企业在特定环境中制定并实施的目标达成手段和途径。在自由贸易港的发展中，战略选择需要与其核心竞争力相协同，以实现可持续发展。

---

① 谢逸波，童泽林，陈晓霖. 自由贸易港概论 [M]. 济南：山东大学出版社，2021：125.

品牌定位和战略选择是相辅相成的，品牌定位为战略选择提供了方向和依据，自由贸易港在品牌定位中明确其核心竞争力后，战略选择可以更有针对性地制定，以突出核心竞争力，实现战略目标。自由贸易港可以通过专业化的发展战略，集中资源和力量在特定产业或服务领域，以加强其在全球市场中的竞争力。例如，专注发展高科技产业、绿色能源、金融服务等特色产业，从而形成独特的产业优势。

自由贸易港可以通过国际化的合作战略，与其他国际经济体建立紧密的合作关系。这包括与其他自由贸易港、国际组织、国际金融机构等的合作，共同推动全球贸易和投资自由化。在品牌定位中突出创新和科技发展的核心竞争力后，自由贸易港可以采用创新驱动战略，支持科技创新、引进高端技术人才、提供研发资金等，以推动产业升级和提升全球竞争力[①]。

通过发展服务贸易，自由贸易港可以加强其在国际服务市场中的竞争力。这包括金融服务、法律服务、教育培训等领域的拓展，提供高品质的服务，吸引国际客户。

（四）政策支持与核心竞争力的协调推进

政策支持是实现核心竞争力的重要手段之一。国家和地方政府可以通过相关政策，为自由贸易港提供优惠政策、法规支持、财政支持等，以增强其在全球市场中的竞争力。

政策支持与品牌定位需要协同推进，政策支持应当与自由贸易港的品牌形象和定位相一致。政策支持可以通过以下方式与品牌定位协同推进：政府可以制定定制化的政策，根据自由贸易港的品牌定位，有针对性地提供税收、法规、金融等方面的支持。例如，对于强调科技创新的自由贸易港，可以提供更多的研发资金和税收优惠。政府可以通过国际宣传活动，突出自由贸易港的核心竞争力，并强调政府将提供的政策支持，以吸引更多国际企业和投资者。政府在法规环境的制定上应与品牌定位相协调，保障法规环境的透明、稳定，以提升国际企业对自由贸易港的信任度。

政策支持的具体措施：制定更加优惠的税收政策，包括减免企业所得税、关税优惠等，以吸引更多国际企业在此注册和运营。提供更加便利的法规环境，简化注册手续、提高审批效率，为企业提供更加灵活的经营环境。通过设立国际化的金融机构、提供低息贷款、支持企业融资等方式，增强自由贸易港的金融体系国际化水平。政府可以设立专项基金，用于支持自由贸易港的科技创新和研发项目，加速创新驱动发展。

（五）挑战与应对策略

国际经济环境的不确定性可能导致全球贸易形势波动，影响自由贸易港的出口和投资。建立灵活的贸易政策，加强国际合作，寻找多元化的合作伙伴，降低对特定市场的依赖性。

全球范围内贸易保护主义抬头，可能影响自由贸易港的出口市场和国际企业的投资决策。积极参与国际贸易谈判，争取更多的贸易便利化措施，寻找新的市场机会，减缓对特定市场的依赖。

技术发展的快速变化可能使自由贸易港原有的产业结构面临调整和升级的压力，影响

---

① 崔凡，李淼，吴嵩博.论中国自由贸易港的战略意义与功能定位[J].国际贸易，2018（4）：13-15.

其在全球市场中的竞争力。加大对科技创新的支持力度，鼓励企业加强研发投入，培育新兴产业，确保自由贸易港在技术发展的浪潮中始终保持竞争力。

国际政治因素的变化可能对自由贸易港的国际形象和经济环境产生负面影响。保持与主要贸易伙伴的良好关系，通过外交手段缓解潜在的政治风险，同时通过多边合作机制，减少对国际政治变化的过度依赖。突出自由贸易港的核心竞争力是一个全方位的系统工程，需要通过品牌定位、战略选择和政策支持等多层次、多角度的协同作用。在全球经济一体化的今天，自由贸易港既面临着巨大的机遇，也面临着严峻的挑战。通过精准的品牌定位，自由贸易港可以在全球市场中建立独特的形象，凸显其核心竞争力，进而吸引更多的国际企业、投资者和合作伙伴。

战略选择是品牌定位的延伸，通过明确的战略选择，自由贸易港能够更加有针对性地推动核心竞争力的发展，实现可持续发展的目标。政府的政策支持则是品牌定位和战略选择的有力保障，通过制定支持性政策，政府可以为自由贸易港提供良好的法规环境、优惠的税收政策、丰富的金融支持等，助力其在全球市场中脱颖而出。

在应对外部环境变化的过程中，自由贸易港需要保持灵活性和适应性，及时调整品牌定位、战略选择和政策支持，以更好地应对全球贸易形势的波动。通过不断提高核心竞争力，自由贸易港将能够在全球竞争中保持优势，为经济的繁荣和可持续发展做出积极贡献。

二、定义自由贸易港品牌独特价值主张

自由贸易港作为国际贸易的关键节点，其品牌独特价值主张的定义至关重要，独特的价值主张是品牌在全球市场中脱颖而出的关键因素，能够吸引国际企业、投资者和合作伙伴。以下将深入探讨如何定义自由贸易港的品牌独特价值主张，围绕法规环境、税收政策、金融体系和国际化合作等方面展开讨论。

（一）自由贸易港的独特地位

自由贸易港是指在一定范围内实行较为宽松的贸易政策，以促进国际贸易和投资为目的，对商品和资本的进出口实行较少的限制。自由贸易港通常拥有独特的法规制度、税收政策和金融体系，吸引国际企业在此设立业务。

在全球经济一体化的趋势下，自由贸易港在国际竞争中占据着特殊的地位。其地理位置、法规环境、税收政策等因素使其成为国际企业投资和发展的理想选择。因此，自由贸易港需要明确并定义自身的独特价值主张，以在激烈的国际竞争中脱颖而出。

（二）定义法规环境的独特价值主张

自由贸易港的法规环境对于国际企业而言至关重要。清晰、透明、稳定的法规环境能够降低企业运营的不确定性，提高其在自由贸易港的投资信心。自由贸易港建设清晰透明的法规体系，保障国际企业了解并能够遵守相关法规。透明度的提高有助于降低企业运营的法律风险，增强法治环境的稳定性。自由贸易港的法规环境应具备一定的灵活性，能够根据国际市场的变化和企业需求进行调整。灵活的法规环境有助于自由贸易港更好地适应

全球贸易的动态变化。

自由贸易港的法规环境需要与国际标准接轨，以便更好地融入全球价值链。通过与国际接轨，自由贸易港能够提供符合国际标准的商业环境，吸引更多国际企业。

自由贸易港可通过主动发布相关法规信息，向国际企业传递清晰、透明的法规环境。通过政府官方网站、国际峰会等途径，向全球宣传自身法规环境的优势。自由贸易港可以提供法规解读服务，为国际企业解释和解读相关法规，帮助其更好地理解和遵守当地法律法规。举办国际性的法规研讨会、行业交流活动，吸引国际企业参与，分享自由贸易港法规环境的特点和优势。

（三）定义税收政策的独特价值主张

税收政策是影响国际企业选择投资地的关键因素之一。自由贸易港通过优惠的税收政策吸引国际企业，降低其经营成本，促进经济发展。自由贸易港可以定义低税率为其税收政策的独特价值主张。通过制定较低的企业所得税率、个人所得税率等，自由贸易港能够吸引更多国际企业在此注册和运营。低税率有助于降低企业负担，提升其竞争力，成为国际企业愿意投资的理想地区。

灵活的税收政策是自由贸易港税收环境的独特价值主张之一。自由贸易港可以通过调整税收政策，根据企业的发展阶段和行业特点，提供差异化的税收激励，更好地满足企业的需求。自由贸易港可以通过为特定行业、项目或创新活动提供税收优惠，吸引更多高新技术产业和创新型企业在此发展，税收优惠的设立有助于推动产业升级和科技创新，提升自由贸易港的产业结构。

制定详尽的税收政策手册，明确各类企业适用的税收政策和优惠幅度，向国际企业传递清晰的税收激励信息。通过国际宣传活动、税收政策发布会等形式，向全球宣传自由贸易港的税收政策优势，吸引更多国际企业投资。设立税收服务平台，为国际企业提供咨询、申报等税收服务，增加税收政策的透明度和可操作性。

（四）定义金融体系的独特价值主张

自由贸易港的金融体系是其经济发展的重要支撑。强大而国际化的金融体系可以吸引更多的国际资金流入，提高自由贸易港的国际影响力。

自由贸易港的金融体系应具备较高的国际化水平，包括引入国际性金融机构、设立国际化的金融交易平台等。这有助于吸引国际资本、提升金融服务水平。自由贸易港的金融体系应注重金融服务的创新，包括推动数字化金融、普惠金融服务等，以满足不同企业和个人的金融需要。自由贸易港的金融体系需要具备强大的风险管理能力，保障国际企业在此的投资安全。建设健全的金融监管机制和风险防控体系是金融体系独特价值主张的一部分。

举办国际性的金融峰会，邀请国际金融专家和机构，共同探讨全球金融趋势、金融创新等议题，提升自由贸易港金融体系的国际影响力。在国际范围内宣传自由贸易港金融服务的独特优势，通过金融服务推广活动，吸引更多国际企业选择在此开展金融业务。

设立金融创新奖励机制，鼓励金融机构推出创新金融产品和服务，以提高自由贸易港金融体系的创新水平。

（五）定义国际化合作的独特价值主张

自由贸易港的国际化合作是其融入全球经济体系、拓展国际市场的关键。积极开展国际化合作，可以促进资源共享、共同发展，提高自由贸易港在国际合作中的地位。

自由贸易港应积极寻求多元化的国际合作伙伴，包括其他自由贸易港、国际组织、跨国企业等。构建广泛而稳定的国际化合作网络，提升自由贸易港的整体竞争力。自由贸易港可以借助国际合作机制，共建国际平台，推动国际间的经济合作、创新合作、人才交流等。通过共建国际平台，自由贸易港可以更好地融入全球价值链，实现优势互补，推动合作伙伴共同发展。

自由贸易港可以主动组织和参与国际性活动，如国际经贸展览、高峰论坛等，加强与其他国际经济体的交流与合作。这有助于提高自由贸易港的国际影响力，吸引更多国际企业的关注。

自由贸易港可以通过国际人才引进政策，吸引国际高层次人才和专业技术人员，促进人才交流与合作。打造国际化的人才团队，为自由贸易港的国际合作提供有力支持。

参与国际性的经贸洽谈，争取更多的国际合作机会。通过与其他国际自由贸易港签署合作协议，推动共建国际合作平台。主办国际化合作论坛，邀请来自不同国家和地区的政府官员、企业家、学者等，共同探讨合作机会、解决合作中的问题，推动国际化合作的深入发展。

利用国际媒体渠道，积极宣传自由贸易港的国际化合作成果和独特价值。通过国际媒体的报道和宣传，提高自由贸易港在国际经济合作中的形象。自由贸易港作为国际经济合作的前沿，其独特价值主张的定义对于吸引国际企业、投资者和合作伙伴至关重要。通过明确法规环境、税收政策、金融体系和国际化合作等方面的独特价值主张，自由贸易港可以在全球市场中树立起独特的品牌形象，提升其在国际竞争中的竞争力。

综上所述，自由贸易港应以透明、灵活的法规环境、低税率、国际化的金融体系和多元化的国际化合作为品牌的独特价值主张。通过精准的传播方式，如发布手册、举办论坛、参与洽谈等，自由贸易港能够向全球展示其独特的经济体制和吸引力，吸引更多国际合作伙伴，推动自身可持续发展。

三、核心价值在品牌定位中的体现

品牌定位是在市场中为自己创造独特而有吸引力的位置，而核心价值则是品牌的灵魂和根本所在，核心价值的明确有助于塑造品牌形象、吸引目标客户群体、建立品牌忠诚度。以下将深入探讨核心价值在品牌定位中的体现，分析其对品牌成功的关键作用，并探讨如何有效传达和弘扬核心价值。

（一）核心价值的概念和重要性

核心价值是指品牌的基本信念、原则和使命，是品牌存在的根本理由。它体现了品牌的独特性和对社会、顾客的价值承诺。核心价值通常贯穿于品牌的文化、产品、服务等方方面面。核心价值在品牌建设中具有重要作用。它是品牌文化的核心，能够为品牌提供持久的力量和动力。同时，核心价值也是品牌在竞争激烈的市场中脱颖而出的关键因素，为消费者树立了品牌的独特形象，建立了对品牌的信任和忠诚。

（二）核心价值在品牌定位中的体现

品牌定位是将品牌在消费者心目中与竞争对手区分开来的过程。它涉及品牌在市场中的位置、目标客户群体、与竞争对手的差异化等方面。核心价值是品牌定位的内在支持和动力，是品牌在市场中找到自己独特位置的关键。

核心价值能够帮助品牌明确自己的独特性，进而在市场中找到差异化的定位。例如，苹果公司以创新、设计和用户体验为核心价值，使得其产品在市场中独树一帜，形成了与竞争对手的明显差异。核心价值有助于品牌吸引目标客户群体，建立品牌与目标客户之间的共鸣。通过明确核心价值，品牌能够创造出符合目标客户需求和价值观的产品、服务，提高客户的认同感。

核心价值是品牌的竞争优势的源泉。通过在核心价值的支持下，品牌能够在产品、服务、营销等方面展现独特性，从而在激烈的市场竞争中取得优势。

核心价值有助于品牌与消费者建立情感共鸣。当品牌的核心价值与消费者的个人价值观相契合时，会激发消费者的情感共鸣，使其更愿意与品牌建立深层次的连接。核心价值是品牌忠诚度的基石。当消费者对品牌的核心价值产生认同并建立情感连接时，其对品牌的忠诚度会增强，更有可能长期支持和选择该品牌。核心价值是品牌故事的灵感源泉。通过故事传播，品牌能够生动地展现其核心价值，吸引消费者关注，并在情感上拉近品牌与消费者之间的距离。

（三）核心价值的传达和弘扬

品牌标识是品牌形象的重要组成部分，通过设计突显核心价值的元素，如颜色、形状等，可以在潜移默化中传达核心价值。简洁而有力的口号和宣传语可以在短时间内传达核心价值，激发消费者的共鸣。例如，耐克的"Just Do It"就是一个成功的例子。通过讲述品牌的故事，特别是与核心价值相关的故事，可以让消费者更深入地了解品牌的价值观和使命。

员工是品牌的重要传播者，通过培训和激励，使员工深刻理解并拥抱品牌的核心价值，能够在日常工作中真实地体现和传递品牌的核心价值，为消费者提供一致的品牌体验。

利用社交媒体平台，品牌可以更直接地与消费者互动。通过发布与核心价值相关的内容、参与社会问题讨论等方式，弘扬品牌的核心价值，建立品牌与消费者之间的互动和共鸣。参与公益活动是品牌弘扬核心价值的有效途径。通过支持与品牌核心价值相关的社会事业，品牌能够在社会中传递正能量，树立积极的品牌形象。

核心价值在品牌定位中扮演着至关重要的角色。明确的核心价值能够在品牌建设中提供方向和力量，使品牌在竞争激烈的市场中脱颖而出。通过在品牌定位中巧妙体现核心价值，品牌能够吸引目标客户群体，建立与消费者之间深厚的情感连接，提高品牌忠诚度。随着社会的不断变革和消费者观念的不断演变，品牌需要不断调整和弘扬自己的核心价值。

有效的传达和弘扬核心价值需要品牌在各个方面保持一致性，包括品牌标识、口号、产品设计等。同时，利用现代社交媒体和数字化营销手段，将核心价值传播给更广泛的受众，建立品牌与消费者之间的互动平台。

　　未来，随着消费者对品牌责任、可持续性等方面的关注不断增加，品牌在核心价值上的表达将更加注重社会责任和环保理念，成功的品牌将在差异化定位中充分展现其核心价值，与消费者建立更加深刻的共鸣，共同迈向可持续发展的未来。

第三节　目标市场的分析与选择

一、自由贸易港品牌目标市场的划定

　　自由贸易港作为一个具有独特经济体制和吸引力的区域，品牌目标市场的划定至关重要。目标市场的精准划定对于自由贸易港的品牌建设和市场拓展至关重要。以下将深入探讨自由贸易港品牌目标市场的划定，包括目标客户群体的确定、市场细分、竞争对手分析等方面，以帮助自由贸易港更好地实现品牌战略目标。

（一）目标客户群体的确定

　　在划定目标客户群体之前，需要明确自由贸易港的核心定位。自由贸易港通常以开放、创新、便利等为核心特点，吸引国际企业和投资者。所以，自由贸易港的目标客户群体应以追求国际化、注重创新和寻求便利化的企业为主[①]。

　　自由贸易港的品牌目标市场首先应包括国际企业和投资者。这一群体通常寻求在国际市场中拓展业务，追求更广泛的市场机会和更高的投资回报。因此，自由贸易港需要通过品牌定位和市场营销策略吸引这一目标客户群体的关注和参与。

　　考虑到自由贸易港通常注重科技创新和高新技术产业的不断发展，创新型产业和科技企业也是重要的目标客户群体。这些企业追求先进的技术支持、创新的商业环境，自由贸易港需要通过品牌塑造展现其在科技和创新方面的优势，吸引这一群体的入驻和合作。

　　由于自由贸易港通常扮演着全球供应链中的关键角色，跨国企业和全球供应链参与者也应被纳入品牌的目标客户群体。这一群体对于便捷的物流、高效的贸易流程和可靠的合作伙伴有较高的要求，自由贸易港需要通过品牌形象强调其在这些方面的优势。

（二）市场细分与定位

　　在明确目标客户群体的基础上，自由贸易港需要进行市场细分，将整体市场划分为更具体的子市场。市场细分有助于更精准地满足不同客户群体的需要，提高品牌的针对性和竞争力。将市场划分为不同的产业，如科技、制造、服务业等，以满足不同产业的需求。

---

　　① 范云峰.客户如何开拓与维系客户[M].北京：中国经济出版社，2004：199.

将市场分为大型企业、中小型企业等不同规模的企业，提供定制化的服务和支持。根据企业所在地区或国家划分市场，提供符合当地实际情况的品牌服务和支持。

品牌定位是将自由贸易港在目标市场中的独特优势和特点进行突出，以便在消费者心中占据独特位置的过程。在品牌定位中，自由贸易港可以强调以下方面：强调提供符合国际标准的服务，满足国际企业和投资者对全球化合作的需求。突出在科技创新和高新技术产业方面的支持和资源，吸引创新型企业的关注。强调自由贸易港的贸易流程简便、高效，为跨国企业提供更便捷的贸易环境。将自由贸易港定位为全球供应链中的关键节点，提供可靠的供应链服务。

（三）竞争对手分析

在划定目标市场的过程中，了解主要竞争对手是至关重要的，自由贸易港的竞争对手可能包括其他自由贸易港、邻近地区的经济特区、拥有类似经济体制的城市等。通过深入分析竞争对手的优势和劣势，使自由贸易港能够更好地调整自身品牌策略。

了解竞争对手的优势有助于自由贸易港更好地把握市场竞争态势。竞争对手可能拥有丰富的资源，包括资金、技术、人才等。自由贸易港需要寻找自身的资源优势，并通过品牌传播凸显这些优势。邻近地理位置的竞争对手可能具有一定的市场便利性，自由贸易港可以通过强调其独特的地理位置，例如地处交通枢纽、临近重要市场等，提升品牌吸引力。有些竞争对手可能在政策支持方面占有优势，自由贸易港需要与政府密切合作，争取更多的政策支持，确保品牌建设的顺利推进。

了解竞争对手的劣势有助于自由贸易港避免类似问题，更好地满足客户需要。如果竞争对手在品牌知名度方面更胜一筹，自由贸易港需要通过积极的品牌建设活动提升自身的知名度。如果竞争对手在某些服务方面存在不足，自由贸易港可以通过提升服务质量、创新服务方式等来弥补这些劣势。若竞争对手已占据大部分市场份额，自由贸易港需要通过市场细分和特色服务来争夺尚未被充分满足的市场细分群体。

（四）品牌传播策略

自由贸易港需要通过多种渠道进行宣传推广，包括线上媒体、线下活动、社交媒体等。强调自身的核心优势，突出服务特色，引起目标客户的兴趣。通过参与国际性的经贸展览、高峰论坛等活动，自由贸易港能够提升在国际舞台上的曝光度，吸引更多国际企业和投资者的关注。

借助数字营销手段，自由贸易港可以在全球范围内精准定位目标客户，通过网站、社交媒体等平台传播品牌信息，建立与客户的线上互动。与国际性企业、行业协会等建立合作关系，共同推动自由贸易港品牌的知名度和影响力，形成合作共赢的局面。

（五）品牌评估与调整

品牌目标市场的划定是一个动态过程，自由贸易港需要定期对品牌策略进行评估和调整。

通过对市场数据、客户反馈等信息进行分析，了解品牌在目标市场中的表现，找出潜在的改进点。定期进行客户调查，了解目标客户的需求变化、对品牌的评价等信息，为品牌调整提供依据。

密切关注市场的变化，包括竞争对手的动态、政策环境的变化等，及时调整品牌策略以适应市场发展。

（六）总结与展望

自由贸易港品牌目标市场的划定是品牌战略规划中的重要一环。通过明确目标客户群体、进行市场细分、分析竞争对手等步骤，自由贸易港能够更精准地定位自身在国际市场中的位置，提升品牌的竞争力和吸引力。

未来，随着全球经济的不断发展和国际贸易的深入合作，自由贸易港将面临更加激烈的市场竞争。因此，自由贸易港需要保持敏锐的市场洞察力，灵活调整品牌策略，不断提升服务水平和品牌影响力，以适应不断变化的国际商业环境，实现可持续的品牌发展。

二、目标市场特征与需求分析

目标市场特征与需求分析是品牌战略规划中至关重要的环节，通过深入了解目标市场的特征和需要，企业能够更有针对性地制定品牌策略，满足客户的期望，提高市场竞争力[①]。以下将探讨目标市场特征与需求分析的关键步骤和方法，以帮助企业更好地理解并满足目标市场的需求。

（一）目标市场特征分析

人口特征是目标市场的基本组成部分，包括年龄结构、性别比例、职业分布等。了解目标市场的人口特征有助于企业更准确地定位产品或服务的受众群体。分析目标市场不同年龄段的人口比例，以确定产品或服务在不同年龄层次中的受欢迎程度。考虑目标市场男女比例的差异，以便更好地满足不同性别的需求。了解目标市场的主要职业群体，有助于企业提供更符合他们工作和生活需求的产品或服务。

地理特征涉及目标市场的地理位置、气候条件等因素，这些因素会影响人们对产品或服务的需求和偏好。分析目标市场的地理位置，包括城市、乡村等，以了解不同地区的消费行为和购买力。考虑目标市场的气候特点，有助于企业提供符合季节性需求的产品或服务。

经济特征涉及目标市场的经济状况、收入水平等因素，这些因素直接影响着人们的购买力和消费行为。分析目标市场的整体经济状况，了解其发展阶段和未来趋势，有助于企业预测市场需求的变化。考虑目标市场的主要收入水平，以确定产品或服务的价格策略，并确保其在市场中的可及性。

文化特征包括目标市场的文化背景、价值观念、生活方式等，这些因素对于产品或服务的定位和传播具有重要影响。了解目标市场的主要文化特征，有助于企业设计符合当地文化背景的产品或服务。分析目标市场的价值观念和社会习俗，以确保产品或服务在文化

---

① ［美］理查德·L.桑德霍森.市场营销学［M］.陶婷芳，译.上海：上海人民出版社，2004：56.

上的合适性。

（二）目标市场需求分析

潜在需求是指消费者可能存在但尚未被满足的需求。通过调查和市场研究，企业能够发掘潜在需求并提供创新的产品或服务[①]。通过定期的市场调查，了解目标市场中消费者的期望和未满足的需求。对竞争对手的产品或服务进行深入分析，找出他们未能满足的需求点。

实际需求是指消费者明确表示的、已经被满足的需求。通过了解实际需求，企业可以优化产品或服务，提高客户满意度和品牌忠诚度。收集客户的反馈意见，包括投诉、建议和评价，以了解他们对产品或服务的实际需求。分析销售数据，了解畅销产品或服务的特点，以及客户购买的偏好和行为。

心理需求是指消费者在心理层面上的需求，包括情感、认同和个人价值的满足。了解心理需求有助于企业在品牌建设和营销中更深入地连接客户。通过品牌形象的打造，满足消费者对于品牌认同和归属感的心理需求。了解目标市场的情感需求，通过品牌故事、广告等形式，建立情感连接，激发消费者的情感共鸣。

生活方式需求关注消费者在日常生活中的行为、兴趣和活动，以便企业更好地调整产品或服务，贴合消费者的生活方式。了解目标市场消费者的购物习惯、消费场景等，以便提供更符合其生活方式的产品或服务。分析目标市场消费者的兴趣爱好，以定制特色化的产品或服务，迎合其生活方式。

（三）目标市场需求的影响因素

技术的发展对目标市场的需求产生深远影响。新技术的应用可能引发新的需求，同时也会改变现有产品或服务的需求。随着数字化技术的不断普及，消费者对于便捷、智能化产品或服务的需求逐渐增加。新的创新技术的引入可能创造新的市场需求，企业需要不断关注技术发展趋势。

环境因素包括自然环境、社会环境和文化环境，这些因素会对目标市场的需求产生重要影响。随着环保意识的提高，消费者对于环保产品或服务的需求逐渐增加。社会结构的变革、价值观念的演变等都会引起对产品或服务需求的调整。

经济因素是一个重要的需求影响因素，包括通货膨胀率、失业率、收入水平等。经济状况直接影响消费者的购买力，需求会随着经济波动而发生变化。消费者的信心水平会影响他们对高价值产品或服务的需求。

（四）品牌战略的制定与调整

基于目标市场特征和需求分析的结果，企业可以制定具体的品牌战略，包括产品定位、价格策略、营销渠道选择等。结合需求分析结果，优化现有产品或推出符合市场需求的新产品。在竞争激烈的市场中，通过差异化定位来突出品牌独特性，满足不同消费者的需求。根据目标市场的经济特征，制定合理的价格策略，确保产品或服务的可及性。

---

① 王崇敏，曹晓路 . 法论海南自由贸易港 [M]. 海口：海南出版社，2022：186.

随着市场环境的变化，企业需要灵活调整营销策略，以保持与目标市场的契合度。根据目标市场的文化特征和心理需求，调整广告宣传形式和内容，增强品牌在消费者心中的形象。利用社交媒体平台与目标市场进行互动，了解其实时需求和反馈，及时调整品牌活动。

（五）总结与展望

目标市场特征与需求分析是品牌战略规划的基础，企业通过深入了解目标市场的人口、地理、经济、文化等方面的特征，以及消费者的潜在、实际和心理需求，能够更精准地把握市场动态，制定有针对性的品牌战略。

三、目标市场选择与品牌适应性

目标市场选择与品牌适应性是企业制定品牌战略的关键环节。正确选择目标市场，并确保品牌与市场的良好适应性，是企业取得市场份额、提升品牌认知度的基础。以下将深入探讨目标市场选择的原则、方法以及品牌在不同市场中的适应性策略，以帮助企业更加科学地制定品牌发展战略。

（一）目标市场选择的原则

企业选择目标市场时应确保与其核心竞争力和定位一致。目标市场的选择应反映企业的特长、价值观和核心优势，以便更好地满足目标客户的需求。确保目标市场选择与企业的核心竞争力相匹配，以充分发挥企业在该市场中的优势。目标市场的选择应符合企业的定位，强调企业在市场中的独特性和特色。

选择目标市场时需要考虑市场的规模和增长潜力。一个庞大且有潜在增长的市场可能为企业提供更多的发展机会。评估目标市场的规模，保证其足够大，能够支撑企业的发展和扩张。考虑目标市场的增长潜力，选择具有良好前景和可持续发展性的市场。

目标市场的选择应与企业所追求的目标客户群体高度匹配。了解目标客户的特征、需求和行为，确保企业能够提供他们所期望的产品或服务。分析目标客户的年龄、性别、职业等特征，确保产品或服务符合其需求。确保企业提供的产品或服务与目标客户的需求高度匹配，提高市场吸引力。

了解目标市场的竞争环境，同时寻找差异化机会，使企业能够在竞争激烈的市场中脱颖而出。分析目标市场的竞争格局，了解主要竞争对手及其优势和劣势。寻找目标市场中的差异化机会，打造独特的品牌形象，吸引更多目标客户。

（二）目标市场选择的方法

1.市场细分和定位

市场细分和定位是选择目标市场的常用方法，通过将整个市场划分为更小的、更具体的子市场，企业能够更精准地选择适合自身的目标市场。将整个市场按照不同的特征划分为若干细分市场，以便更好地理解和满足各细分市场的需求。在细分市场中选择一个或多个适合企业的定位，确保品牌在目标客户中有清晰的位置。

2.SWOT 分析

SWOT 分析是一种系统评估企业内外环境的方法，有助于确定目标市场的选择。

（1）优势（Strengths）：分析企业内部的优势，包括品牌声誉、技术优势、资源优势等。基于这些优势，选择能够最大程度发挥企业优势的目标市场。

（2）劣势（Weaknesses）：识别企业的劣势，包括品牌知名度不足、技术滞后等方面。避免选择依赖于企业劣势的目标市场，或通过改进弱点提升竞争力。

（3）机会（Opportunities）：分析市场中的机会，包括新兴市场、新技术应用等方面。选择能够充分利用市场机会的目标市场，确保企业能够抓住有利时机。

（4）威胁（Threats）：评估市场中的威胁，包括竞争加剧、法规变化等方面。避免选择受威胁较大的目标市场，或制定应对策略以化解潜在威胁。

3. 产品生命周期分析

运用产品生命周期分析有助于确定产品在市场生命周期中的阶段，并选择适合的目标市场。不同阶段的市场需要采取不同的策略。在产品刚刚推出市场时，选择有潜力的目标市场，通过宣传和推广提高品牌知名度。在产品逐渐获得市场份额时，选择适度竞争的目标市场，加强产品特色，吸引更多客户。在产品进入成熟阶段时，选择维护市场份额的目标市场，通过服务升级、差异化等方式保持竞争力。在产品进入衰退阶段时，可以选择寻找替代市场或淘汰不盈利的目标市场。

（三）品牌在不同目标市场的适应性策略

1. 产品定制化

根据不同目标市场的需求差异，考虑产品的定制化，以满足特定市场的需求。这可能涉及产品特性、包装设计、配送方式等方面的定制化调整。根据目标市场的喜好和需求，调整产品的特性，确保产品能够满足当地消费者的需求和期望。针对不同文化和审美习惯，进行包装设计的定制化，使产品更符合目标市场的审美标准。

2. 价格灵活调整

在不同目标市场中，可以灵活调整产品价格，以适应当地的经济水平和消费能力。这涉及灵活的定价策略，可能包括定价区域差异、促销活动等。根据不同地区的经济状况和消费水平，调整产品价格，使其更具竞争力。针对不同目标市场，设计符合当地消费者习惯的促销活动，提高品牌在市场中的吸引力。

3. 营销沟通定制

品牌在不同目标市场的营销沟通需要进行定制，以确保品牌形象与当地文化和价值观相契合。这包括广告语言、广告渠道的选择等方面。根据目标市场的语言特点，定制广告语言，确保品牌传达的信息更加贴近当地消费者。不同地区可能对不同的广告渠道有不同的偏好，因此选择适合当地文化的广告渠道，有利于提高品牌曝光度。

4. 品牌形象调整

品牌形象是在目标市场中建立起来的，可能需要根据当地文化和消费者心理进行调整。这包括品牌标志、广告中的人物形象等。在不同目标市场中对品牌标志进行微调，以更好地迎合当地消费者的审美和认知。在广告中使用符合当地文化背景的人物形象，以增加品牌与目标市场的亲近感。

（四）品牌适应性的评估与调整

品牌适应性的评估是品牌战略执行过程中的重要一环。通过定期的评估，企业能够了解品牌在不同目标市场中的表现，及时调整策略以适应市场的变化。

定期收集和分析消费者的反馈信息，了解他们对品牌的感知、需求和期望。根据反馈信息，进行品牌调整，以提高品牌在目标市场的认可度和满意度。通过监测销售数据，了解不同目标市场的销售表现。分析销售数据可以帮助企业识别市场趋势、产品热点，从而及时调整品牌策略。

比较不同目标市场的销售额，找出表现较好和较差的市场，进行有针对性的优化。分析不同产品在各个目标市场的畅销度，了解消费者的偏好，调整产品组合。

通过市场调查和趋势分析，了解目标市场的变化和发展趋势，持续关注市场动态，使品牌始终保持与市场同步。定期进行市场调查，了解目标市场的新兴需求、竞争格局等信息，为品牌策略调整提供依据。分析市场的发展趋势，预测未来市场的走向，以便提前调整品牌战略。

密切监测竞争对手在不同目标市场中的表现，了解竞争对手的策略和优势，有助于企业及时调整自身的品牌战略，保持竞争力。分析竞争对手的品牌策略，找出其成功之处，以借鉴和超越。监测竞争对手在目标市场的市场份额变化，评估品牌在市场中的地位。

根据评估结果，有针对性地调整品牌策略。这可能涉及品牌形象的重新塑造、产品的创新升级等方面。如有必要，进行品牌形象的调整，使其更符合目标市场的期望和发展趋势。不断进行产品创新，推出符合市场需求的新产品，提高品牌的吸引力和竞争力。

目标市场选择与品牌适应性是品牌战略制定和执行过程中至关重要的环节。正确选择目标市场，确保品牌在不同市场中具有良好的适应性，对于企业提升品牌价值、占领市场地位至关重要。通过市场细分、SWOT 分析、产品生命周期分析等方法，企业能够科学地选择目标市场。在执行过程中，通过产品定制化、价格灵活调整、营销沟通定制、品牌形象调整等策略，使品牌更好地适应目标市场的需求。

第四节 竞争对手分析与差异化

一、竞争对手的品牌定位与策略

在竞争激烈的商业环境中，企业需要通过巧妙的品牌定位和战略来吸引目标客户进而使其脱颖而出。理解竞争对手的品牌定位与策略是制定和优化自身品牌战略的关键一环①。以下将深入探讨竞争对手的品牌定位和常见策略，以帮助企业更好地把握市场动态，制定具有竞争优势的品牌战略。

（一）竞争对手品牌定位的基本原理

1. 品牌定位的定义

品牌定位是指企业在目标客户心目中所占据的位置和形象，是通过其独特而清晰的特征，使自身与竞争对手区分开来。品牌定位有助于消费者在复杂的市场中做出选择，并在他们心中留下深刻印象。

2. 品牌定位的基本原理

品牌定位应注重独特性，通过突出产品或服务的独特特点，使消费者容易区分并记住。确定目标客户群体，了解其需求和价值观，以便更好地满足其期望，建立与之相关的品牌形象。竞争对手的品牌定位应与市场中其他品牌存在差异，通过与其他竞争者不同的方式来吸引消费者。品牌定位需要考虑长期可持续性，确保品牌形象与市场趋势和变化相适应。

（二）竞争对手的常见品牌定位

在价格导向定位中，竞争对手将其品牌定位为价格最具竞争力的选择。这种定位通常与低成本、高性价比等相关，旨在吸引价格敏感的消费者。竞争对手通过高效的生产和供应链管理，以较低的成本提供产品或服务，使其价格在市场上具备竞争优势。通过促销活动、折扣和特价优惠等手段，强调价格的吸引力，吸引更多的消费者选择其产品或服务。

品质导向定位强调产品或服务的高品质和卓越性能，旨在吸引那些更注重品质和愿意为之支付更高价格的消费者。竞争对手通过精湛的工艺和高品质的材料选择，确保产品在品质上表现卓越，打造高端品牌形象。强调采用最新技术和创新解决方案，使产品在性能、功能等方面具备竞争优势。

利基市场定位是指竞争对手专注于满足某一特定细分市场的需求，通过深入了解该市场的特点和需求，提供专业化的产品或服务②。竞争对手明确定位在特定的目标客户群体，满足其独特需求，建立与之深刻连接的品牌形象。通过垂直整合，竞争对手在特定领域实现全产业链的覆盖，提供一站式解决方案。

生活方式品牌定位强调品牌与消费者的生活方式和价值观的契合，通过情感共鸣建立品牌与消费者之间的深层连接。讲述品牌独特的故事，强调品牌背后的文化、理念，使消费者能够在情感上与之产生共鸣。利用社交媒体等平台，建立品牌社群，让消费者在品牌中找到共同兴趣和认同感。

（三）竞争对手的常见品牌策略

价格战略是指通过降低产品或服务的价格来争夺市场份额。竞争对手可能采用以下价格战略：竞争对手通过降低价格，吸引更多价格敏感的消费者，从而提高市场份额。这可能包括周期性的促销活动、特价优惠等手段。提供套餐或捆绑销售，降低整体价格，刺激

---

① 许明金. 竞争对手情报的采集与分析 [M]. 海口：海南出版社，2008：73.
② 殷辛. 品牌 VI 设计 [M]. 武汉：华中科技大学出版社，2020：10.

消费者购买欲望。设定购物满额即享受折扣或返现，鼓励消费者增加购买量。

品牌扩张策略是指通过引入新产品线、进军新市场或与其他品牌合作来扩大品牌的覆盖范围和市场影响力。竞争对手可能推出新的产品线或增加产品种类，以满足不同消费者群体的需求。进军新的地理市场或开拓新的细分市场，以寻找扩张机会。与其他品牌合作，共同推出联合品牌产品，实现互利共赢。

创新和技术领先是一种常见的品牌策略，竞争对手通过不断引入新技术、提升产品性能，以区分自己与竞争者。加大研发投入，推动新产品的不断问世，提升品牌在技术领域的声望。与科技公司或研究机构合作，共同开发创新产品，提高技术水平。引入智能化技术，使产品更智能、便捷，符合当代消费者对科技的追求。

提供优质的消费者体验是一种有效的品牌策略，竞争对手可能通过以下方式提升消费者体验：提供高水平的售后服务，包括快速响应、问题解决等，提升消费者对品牌的满意度。实现线上线下的无缝衔接，为消费者提供多样化的购物渠道和体验。根据消费者的需求和喜好，为其提供个性化的产品或服务，增加品牌与消费者之间的互动。

（四）竞争对手的品牌战略评估与调整

竞争对手的市场份额和增长速度是评估其品牌战略有效性的重要指标。通过监测市场份额的变化和增长趋势，企业可以了解竞争对手在市场中的竞争地位。通过监测竞争对手的市场份额，了解其在市场中的相对地位。观察竞争对手的销售增长速度，评估其品牌战略的有效性。

消费者满意度和忠诚度是品牌成功的关键因素。竞争对手的表现可以通过消费者调查、评价和反馈来评估。定期进行消费者满意度调查，了解竞争对手在产品质量、服务等方面的表现。分析竞争对手的忠诚度指标，包括重复购买率、推荐率等，评估其在消费者心目中的品牌忠诚度。

品牌形象和声誉对于消费者选择和信任品牌至关重要。其中，竞争对手的品牌形象和声誉需要通过市场调查、社交媒体监测等手段进行评估。分析竞争对手在社交媒体上的活跃度和消费者的反馈，了解品牌形象的传播效果。关注消费者在各类评价平台上对竞争对手的评价，了解其品牌声誉。

不断关注市场趋势和变化，及时调整品牌战略，以适应市场的发展和变化。跟踪市场中的新兴趋势和消费者行为变化，预测未来市场的发展方向。关注竞争对手可能采取的新策略和行动，及时做出战略调整。

（五）总结与展望

竞争对手的品牌定位与策略分析是企业制定自身品牌战略的关键一环。通过深入了解竞争对手的品牌定位和常见策略，企业可以更准确地把握市场动态，制定有竞争力的品牌战略。在竞争激烈的市场中，不同品牌通过差异化的定位和策略，努力满足消费者多样化的需求，提高市场份额和品牌影响力。

品牌定位的基本原理强调独特性、目标客户、市场差异和可持续性，是企业在制定品牌战略时应该注重的核心要素。不同品牌选择不同的定位策略，包括价格导向、品质导向、利基市场定位和生活方式品牌定位，以适应市场的差异化需求。

竞争对手的常见品牌策略涉及价格、品质、利基市场和消费者体验等多个方面。通过灵活运用这些策略，企业可以更好地应对市场挑战，提高品牌的市场竞争力。

品牌战略的评估与调整是品牌经营过程中的关键环节。企业需要关注市场份额、销售增长率、消费者满意度、品牌形象和声誉等指标，以全面了解品牌在市场中的表现。及时调整品牌战略，适应市场趋势和变化，保持品牌的活力和竞争力。

展望未来，品牌竞争将更加激烈，市场环境将持续变化。企业需要不断提升对竞争对手的敏感度，灵活调整品牌战略，创新产品和服务，以赢得消费者的青睐。同时，关注新兴技术、社会趋势和消费者行为变化，为品牌战略的制定提供更全面的信息支持，实现可持续发展和长期竞争优势。

二、自由贸易港品牌与竞争对手的差异化

自由贸易港作为经济特区的一种形式，近年来在全球范围内逐渐崛起，成为经济发展和国际贸易的重要引擎。在自由贸易港发展的过程中，品牌建设和差异化战略变得至关重要 [①]。以下将探讨自由贸易港品牌与竞争对手的差异化策略，探究其在全球化竞争中如何打造独特的品牌形象。

（一）自由贸易港品牌的基本特征

自由贸易港是指在特定地理区域内实行低税收或零关税政策，以促进国际贸易、吸引外商投资和推动经济发展的地区。自由贸易港通常享有较高的贸易自由度，简化了进出口手续，提供了便利的贸易环境。

自由贸易港通过降低关税、简化手续等手段，吸引了大量跨国企业在此开展贸易活动，促进了国际贸易的繁荣。为了获得更有利的经济环境，企业更愿意在自由贸易港设立业务，吸引外商投资，推动本地经济发展。自由贸易港的繁荣发展带动了相关产业的发展，创造了大量就业机会，提高了居民生活水平。

自由贸易港的国际形象通常与开放、创新、便利等元素相关。作为经济特区，其品牌形象应突出其在国际经济合作中的重要地位，以吸引更多的全球性企业和投资者。

（二）自由贸易港品牌与竞争对手的差异化特点

自由贸易港作为一个独特的法律经济体系，其法律法规和政策环境与普通地区存在显著差异。品牌可以通过突显自由贸易港在法治建设、政策制度等方面的优势，强调其在全球商业中的独特地位。自由贸易港通常拥有更为健全和透明的法治环境，品牌可以强调这一点，吸引法治意识强的企业和投资者参与其中。

自由贸易港的政策优势体现在更低的税收、更简便的进出口程序等方面，品牌可以通过宣传这些政策优势，吸引更多企业参与。

自由贸易港在产业结构和业务领域上通常具有一定的专业化优势，这也是与其他地区

---

① 李世成.企业竞争优势 [M].北京：台海出版社，2005：51.

具有差异化的关键点。品牌可以通过突出自由贸易港在某些领域的专业化和深耕，打造独特的产业形象。自由贸易港可能在特定领域有深度的产业布局，品牌可以突出在这些领域的专业知识和经验。

自由贸易港常常作为全球价值链的重要节点，品牌可以强调其在全球产业链中的战略地位，吸引更多的国际企业合作。

自由贸易港通常是国际化程度较高的地区，各种文化在这里交融。品牌可以通过强调国际化的工作环境和多元文化的融合，突显其与其他地区的差异。自由贸易港品牌可以打造国际化的形象，吸引更多国际企业和专业人才。强调自由贸易港内涵的文化多元性，打破地域局限，吸引更广泛的国际合作伙伴。

自由贸易港通常在创新和科技领域具备较强实力，可以通过强调科技创新、数字化发展等方面的优势，彰显其与竞争对手的差异。自由贸易港可以将自身定位为科技创新的引领者，吸引更多科技企业和研发机构的入驻。在数字化和信息化方面取得的成就可以成为品牌差异化的重要元素，体现在高效的数字化服务、智能化管理等方面。

自由贸易港在可持续发展和绿色经济方面可能有着独特的政策和实践，品牌可以通过注重环保、可持续经济发展等方面的特色，塑造绿色品牌形象。强调自由贸易港的环保政策和实践，吸引更多注重环保责任的企业入驻。将自由贸易港定位为可持续发展的引领者，通过可再生能源、绿色技术等方面的发展，吸引更多关注可持续发展的企业。

（三）自由贸易港品牌差异化策略的执行

品牌差异化的关键在于强化自身的核心信息，明确品牌的特色和优势。自由贸易港品牌应确保其核心信息能够清晰传递给目标受众，通过各种渠道和媒体强调品牌的独特之处。通过品牌定位的宣传活动，明确自由贸易港在法治、政策、产业、文化等方面的优势，形成鲜明的品牌形象。制定清晰的核心价值宣言，将自由贸易港的核心理念传递给目标受众，使其引起共鸣。

自由贸易港品牌差异化的关键之一是其在产业特色方面的优势。通过专业产业的深耕和创新，形成品牌的独特性。通过专业性的产业推广活动，让目标受众了解自由贸易港在某个特定领域的专业实力。与相关行业展开深度合作，建立起品牌在产业链上的影响力，形成产业生态圈。

国际化形象是自由贸易港品牌差异化的重要组成部分。品牌需要注重在国际市场上的建设合推广，提高品牌在全球范围内的认知度。制定有效的国际化品牌推广策略，借助国际化媒体平台、展会等推动品牌在国际市场上的知名度。建设具备国际视野的团队，促进品牌的国际化运作和交流。

在科技领域的创新是自由贸易港品牌差异化的重要支撑。通过引入先进的科技、数字化手段，将科技创新作为品牌的核心竞争力。参与国际科技展览，展示自由贸易港在科技领域的创新成果，提高品牌在科技领域的声望。提供智能化、数字化的服务，为企业提供高效、便捷的商务环境，树立自由贸易港在科技方面的领先地位。

环保和可持续发展是当今社会普遍关注的话题，自由贸易港品牌可以通过强化其在环保和可持续发展方面的努力，树立品牌的社会责任形象。宣传自由贸易港的环保政策和实际行动，向社会传递企业品牌关注环保的决心。参与和推动可持续发展项目，通过实际行动践行品牌的社会责任，树立积极的企业形象。

（四）品牌差异化效果的评估与调整

品牌差异化的策略执行后，需要进行效果评估，并及时调整策略，确保品牌差异化的目标得以实现。

1. 品牌认知度与口碑

监测自由贸易港品牌在目标市场的认知度和口碑是评估品牌差异化效果的重要指标。通过以下方式进行评估：进行定期的品牌调查，了解目标市场对自由贸易港品牌的认知度和消费者对其的看法。在社交媒体上监测品牌的讨论和评论，分析消费者的反馈和口碑，了解品牌在社交媒体平台上的影响力。参与行业评选和排名，评估自由贸易港品牌在同行业中的地位和竞争力。

2. 市场份额和增长

监测自由贸易港在目标市场的市场份额和增长情况，了解品牌在市场中的竞争地位和发展趋势。通过市场份额和增长数据，可以评估品牌差异化策略的有效性。进行市场调查，收集市场份额和增长数据，分析品牌在市场中的表现。通过分析销售数据，了解自由贸易港品牌的销售情况和增长趋势。

3. 消费者满意度和忠诚度

消费者满意度和忠诚度是品牌差异化效果的重要衡量标准。通过消费者调查和评价，了解消费者对自由贸易港品牌的满意程度和忠诚度。进行消费者满意度调查，收集消费者对自由贸易港品牌的评价和建议。分析消费者的购买行为和品牌忠诚度指标，了解消费者对品牌的忠诚度。

4. 竞争对手反应

观察竞争对手对自由贸易港品牌差异化策略的反应，了解竞争对手是否采取相应措施来应对。竞争对手的反应可以反映品牌差异化策略的影响力和竞争力。分析竞争对手的市场活动和策略调整，评估竞争对手对自由贸易港品牌的反应。关注行业的市场动态，了解竞争对手在市场中的表现和动向。

5. 策略调整与优化

根据评估结果，及时调整和优化品牌差异化策略。如果发现某些策略效果不佳，可以进行调整，并在原有基础上进行优化，以提升品牌的竞争力。对品牌差异化策略进行深入分析，找出存在的问题和不足之处，进行调整、改进和优化。根据市场变化和竞争对手的动态，灵活调整品牌策略，保持对市场的适应性。

自由贸易港品牌与竞争对手的差异化是在全球化竞争中取得成功的关键之一。通过强调法治、政策优势、产业特色、国际化形象、创新科技和环保可持续发展等方面的独特性，使自由贸易港品牌在市场中建立起独特的品牌形象和优势。

在未来，随着全球经济的不断发展和竞争的加剧，自由贸易港品牌需要不断适应市场变化，加强创新和科技引领，注重可持续发展，以保持在全球市场中的领先地位。通过不断优化差异化策略，建立起更加稳固和有活力的品牌形象，实现品牌在全球范围内的长期成功。

三、差异化策略对市场占有率的影响

在激烈的市场竞争中，企业为了脱颖而出，实施差异化策略成为一种常见的手段。差异化策略旨在使企业的产品或服务在市场上与竞争对手有所区别，从而提高市场占有率。以下将深入探讨差异化策略对市场占有率的影响，分析在执行差异化策略时可能面临的挑战，并提出有效的应对方法。

（一）差异化策略的基本原理

差异化策略是企业通过在产品、服务、品牌或市场定位等方面创造独特性，以在市场上获得竞争优势的一种战略选择。通过提供与竞争对手不同或更高水平的价值，企业能够吸引更广泛的目标客户，并实现更高的价格弹性，从而提高市场占有率。

差异化策略的要素包括产品的设计、性能、质量等方面的特点，使产品在市场上独具特色。通过品牌的塑造和宣传，使品牌在消费者心目中建立起独特而积极的形象。提供个性化的客户服务，使客户在购买和使用过程中感到愉悦和满意。持续创新，推出新产品、新技术或新服务，保持市场敏感度。

（二）差异化策略对市场占有率的积极影响

通过差异化策略，企业能够更好地满足特定目标客户的需求，吸引他们选择自家产品或服务。差异化带来的独特价值使得企业在目标客户中建立起品牌忠诚度，有利于提高市场份额。差异化不仅是产品或服务的实际特点，还是客户对产品或服务的感知。通过强调独特之处，企业能够在消费者心中建立起对产品的高附加值感知，使其更愿意选择和购买该产品，从而提高市场占有率。

相较于同质化产品，差异化产品更容易降低消费者的价格敏感性。因为消费者在购买差异化产品时，更注重产品本身的价值而非价格，使得企业能够更自由地制定价格策略，提高产品的售价水平。通过差异化策略，企业创造了独特的市场定位，减轻了来自竞争对手的直接竞争压力。竞争对手难以模仿或超越企业的差异化优势，使得企业更容易在市场中稳定地占据一席之地。

差异化策略有助于塑造独特的品牌形象，建立与消费者之间的情感连接。品牌忠诚度的提高意味着消费者更倾向于选择企业的产品或服务，从而增加了企业在市场上的份额。

（三）差异化策略可能面临的挑战

实施差异化策略可能需要企业进行产品创新、品牌建设等高成本投入。这对企业的财务状况提出了一定的要求，如果成本过高，可能会削弱企业的竞争力。差异化带来的独特性可能与一定的风险和不确定性相伴。新产品的市场反应、消费者对独特特点的接受程度等都是不确定性因素，企业需要在不断尝试中找到最适合市场的差异化策略。

一旦差异化策略成功，竞争对手可能会试图模仿，降低该差异化带来的竞争优势。这就需要企业保持创新能力，不断更新差异化的内容，以防止被竞争对手赶超。

过于强调差异化可能导致企业只能吸引特定细分市场的目标客户，而忽略了更广泛市场的潜在消费者。这会限制市场规模和潜在增长。差异化可能并不总是得到市场的积极反应。消费者可能对差异化特点产生负面反应，认为其并不符合他们的需求或偏好。这种情况下，企业需要及时调整策略，以更好地迎合市场的期望。

（四）应对差异化策略挑战的方法

精准定位目标客户群体，深入了解他们的需求和喜好，确保差异化策略更贴合目标客户的期望。通过细致的市场调研和用户反馈，调整差异化的方向，提高市场满意度。持续提升企业的创新能力，不断推陈出新，确保差异化策略的创新型和吸引力。通过科技创新、产品研发等手段，为差异化策略提供持续的动力。

在实施差异化策略时，需要审慎管理成本，确保高投入能够带来相应的高回报。同时，提高企业内部运营效率，降低生产和经营成本，以保持竞争力。市场和消费者需求在不断变化，企业需要及时调整和优化差异化的方向。这就需要企业定期进行市场调查和竞争对手分析，了解市场动态，为差异化策略的调整提供有力支持。

通过建立强有力的品牌忠诚度，使消费者对企业的品牌产生认同和忠诚。品牌忠诚度有助于稳定市场份额，减轻来自竞争对手的竞争压力。差异化策略是企业在市场竞争中取得优势的有效手段之一。通过差异化，企业能够提高市场占有率，吸引目标客户，创造品牌忠诚度。然而，差异化策略也面临一系列挑战，包括高成本压力、风险与不确定性、竞争模仿等。

为了克服这些挑战，企业需要精准定位目标客户，不断提高创新能力，有效管理成本，及时调整差异化方向，以此建立强大的品牌忠诚度。在未来，随着市场和技术的不断发展，企业需要不断调整差异化策略，保持竞争力，实现长期可持续的市场占有率增长。通过有效的差异化策略，企业将能够在竞争激烈的市场中取得更大的成功。

第五节　自由贸易港品牌定位的战略策略

一、战略定位与长期品牌发展规划

在当今竞争激烈的商业环境中，企业需要制定清晰的战略定位和长期品牌发展规划，以保持竞争力并实现可持续发展[①]。以下将深入探讨战略定位的概念、重要性以及如何将战略定位与长期品牌发展规划相结合，以实现企业的长期成功。

---

① 张磊，王茜 .2023 上海自由贸易港建设 [M]. 北京：法律出版社，2023：155.

（一）战略定位的概念与重要性

战略定位是指企业在市场中选择的独特位置，以满足特定目标客户群体的需求，并与竞争对手形成差异化。战略定位涉及企业在市场中的位置、目标市场的选择、竞争优势的建立，是企业长期发展的基石。

通过战略定位，企业能够在市场上塑造独特的形象，与竞争对手形成差异，获得竞争优势。战略定位帮助企业明确目标市场，集中资源和精力满足特定客户群体的需求，提高市场精准度。有针对性的战略定位有助于企业更有效地利用资源，避免资源的分散和浪费，提高企业的效率。战略定位是品牌建设的基础，其有助于企业在消费者心中建立积极而独特的品牌形象，提升品牌价值。

（二）战略定位与长期品牌发展规划的关系

长期品牌发展规划是企业对品牌在未来数年内的发展方向和目标的全面规划。它涵盖了市场定位、产品发展、品牌形象建设、市场推广等方面，是企业长远发展的指导性文件。

战略定位为长期品牌发展规划提供了明确的市场方向。品牌发展规划需要基于战略定位来选择目标市场，明确品牌的受众和市场定位。长期品牌发展规划应强调如何通过差异化的品牌形象在目标市场中建立独特的竞争地位，这与战略定位的差异化思路相呼应。战略定位和长期品牌发展规划需要保持一致，确保品牌向外传递的信息是一致的。这有助于提高品牌在消费者心中的一体感。

（三）制定战略定位的步骤

企业需要明确自己的目标市场是谁。这包括确定受众的特征、需求和行为，确保目标市场的选择与企业的资源和能力相匹配。深入了解竞争环境，包括竞争对手、市场趋势、SWOT 分析等。这有助于发现市场上的机会和威胁，为战略定位提供基础。

企业需要明确自己的差异化优势，即为什么消费者会选择其产品或服务而不是竞争对手的产品或服务的原因。这可能涉及产品特性、品牌形象、服务水平等方面。根据目标市场和差异化优势，制定明确的目标与定位策略。确定企业的目标是什么，如何通过独特的定位满足目标市场的需求，以及如何在竞争中脱颖而出。

战略定位的一部分是定义品牌的核心价值。企业需要明确品牌代表的核心价值观，这有助于构建品牌的独特性和认同感。品牌核心价值是品牌形象的基石，对于长期品牌发展至关重要。在战略定位的基础上，制定相应的市场推广策略。这包括选择适当的营销渠道、传播方式，以及如何向目标受众传递品牌的核心信息。

（四）长期品牌发展规划的关键要素

品牌愿景是对品牌未来发展的愿景和期望。它应该是明确的、激励人心的、能够激发员工和消费者对品牌的认同度和支持感的。

长期品牌发展规划需要明确长远的发展目标。这可能包括市场份额的提升、品牌知名度的增加、产品线的拓展等。目标应该是具体、可测量、可达成的。

在品牌发展规划中，持续创新和研发是确保品牌竞争力的关键要素。不断推出新产品、新服务，提升产品的技术含量和创新水平。品牌形象是企业在消费者心目中的印象，需要通过品牌建设和传播来塑造。包括品牌标识、品牌故事、品牌口碑等方面的管理。

长期品牌发展需要建立良好的客户关系。这需要通过提供优质的客户服务、建立品牌社区等方式，增强与消费者的联系，培养品牌忠诚度。品牌发展规划需要不断对其进行监测和调整。随着市场和消费者的变化，企业需要灵活地调整战略，确保品牌一直保持竞争力。

（五）战略定位与长期品牌发展规划的协同作用

战略定位和长期品牌发展规划应该形成一个一体化的品牌形象。战略定位提供了品牌的市场位置和差异化方向，而长期品牌发展规划则确保了品牌在未来能够持续保持竞争力。战略定位和长期品牌发展规划都需要保持对市场的敏感度。市场导向是确保企业在不断变化的市场中能够适应和引领的关键。

战略定位和长期品牌发展规划需要在整个企业内形成共识。团队合作是确保战略的有效执行和品牌规划的顺利推进的重要因素。战略定位和长期品牌发展规划是企业成功的基石。通过明确市场定位、建设差异化品牌形象，企业能够在激烈的市场竞争中脱颖而出。同时，长期品牌发展规划确保了品牌的可持续性和发展方向。

在未来，随着市场和消费者需求的不断变化，企业需要不断调整战略定位和品牌发展规划，以适应新的挑战和机遇。通过战略的灵活性和品牌的持续创新性，企业将能够实现长期的品牌成功和市场占有率的增长。

二、定位战略的灵活性与调整

在充满变数的商业环境中，企业能否成功在很大程度上取决于其定位战略以及其是否能够及时调整的灵活性。定位战略是企业在市场中选择的独特位置，它需要根据市场的动态变化、竞争环境的变更以及消费者需求的演变而不断调整。以下将深入探讨定位战略的灵活性与调整，明确其在企业长期成功中的重要性，并提出相应的实施方法。

（一）定位战略的基本原理

定位战略是企业在市场上选择的特定位置，以满足目标客户群体的需求，并与竞争对手形成差异化。定位战略不仅涉及产品或服务的定位，还包括品牌形象、市场传播等方面的构建。

定位战略首先要明确目标市场，了解受众的特征、需求和期望，以便有针对性地满足其需求。定位战略需要找到企业在目标市场中的差异化优势，即为什么消费者会选择其产品或服务而不是竞争对手的产品或服务的原因。定位战略需要与品牌形象一致，确保品牌向外传递的信息是一致的，增强品牌在消费者心中的认同度。

（二）定位战略的灵活性

市场是动态变化的，新的竞争者可能进入市场，消费者需求可能发生变化，技术进步可能推动行业发展。定位战略需要具有灵活性，能够迅速应对市场的变化，保持竞争力。

竞争对手的行为和策略是不断变化的，企业需要随时了解竞争对手的动态，对其调整进行迅速且灵活的反应。这包括产品创新、价格调整、市场推广等方面。消费者需求是企业定位的重要依据，但随着社会、经济的变化，消费者需求也会发生变化。定位战略需要对消费者的需求变化保持敏感，及时调整产品或服务的定位。

品牌形象是定位战略的重要组成部分，但消费者对品牌形象的看法可能随着时间推移而改变。企业需要随时调整品牌形象，以确保其符合目标市场的期望。

（三）调整定位战略的时机

市场份额的下降可能说明当前的定位战略不再有效，需要对市场进行重新定位。企业可以通过市场调研和分析找到原因，并及时调整战略以恢复其竞争力。消费者的反馈是企业定位战略能否成功的重要指标。如果消费者对产品或服务的反馈不佳，企业需要审视定位战略是否满足了消费者的期望，并进行相应的调整。

竞争环境的变化可能包括新的竞争者进入、技术创新、法规变化等。企业需要及时了解竞争环境的变化，并调整定位战略以适应新的竞争格局。新的市场机会可能出现在原有目标市场之外，企业需要审慎评估新市场的潜力，并考虑调整定位战略以抓住新机会。

（四）实施定位战略的灵活性方法

持续的市场调研是保持对市场敏感度的关键。通过了解市场趋势、竞争对手的动态以及消费者的反馈，企业可以及时获取信息，为调整定位战略提供数据支持。定期进行市场调研，确保企业对市场变化有清晰的认识。建立灵活的决策机制是实施定位战略的关键。企业需要拥有快速、灵活的决策流程，使决策能够及时传达到相关部门，并迅速付诸行动。这可以包括简化决策流程、减少层级等方式。

消费者是市场的主体，倾听他们的声音对于了解市场需求和调整定位至关重要。通过建立有效的反馈机制，如客户调查、社交媒体监测等，企业可以及时了解消费者的期望和反馈，为调整定位提供指导。企业可以建立敏捷团队，使其专注于市场变化和竞争对手动态的监测。这个团队应该具备快速反应和决策的能力，能够在短时间内制定并实施相应的调整策略。

品牌形象是定位战略的核心，需要不断优化以适应市场的变化。企业可以定期评估品牌形象的效果，通过品牌调研、消费者反馈等手段，发现问题并及时调整。创新和研发是保持竞争力的关键。企业需要投资于创新领域，推出符合市场需求的新产品或服务，以及不断提升产品或服务的技术含量，确保企业在市场中始终具有竞争力。

定位战略的灵活性与调整是企业在不断变化的市场环境中保持竞争力的关键。通过市场调研、消费者反馈、创新与研发等手段，企业能够灵活地调整定位战略，适应市场变化，提高市场竞争力。在未来，随着全球经济和科技的不断变化和发展，企业需要更加注重灵活性，不断优化定位战略，以适应新的市场挑战和机遇，实现长期的可持续发展。

三、定位战略与市场变化的协调

在当今变化迅速的商业环境中，市场的不断演变对企业提出了更高的要求。定位战略作为企业在市场中选择特定位置的战略决策，必须与市场变化保持协调，以确保企业始终保持竞争力[①]。以下将深入探讨定位战略与市场变化之间的协调关系，探讨如何在不断变化的市场中灵活调整定位，以适应新的挑战和机遇。

（一）定位战略的基本原理

定位战略是企业在市场上选择的独特位置，以满足目标客户群体的需求，并与竞争对手形成差异。它涉及产品、服务、品牌形象等多个方面的定位，旨在竞争激烈的市场中找到自己独特的市场定位。

定位战略首先需要明确目标市场，了解目标客户群体的特征、需求和期望，以便有针对性地满足其需求。定位战略要寻找企业在目标市场中的差异化优势，使其在竞争中脱颖而出，为消费者提供独特的价值。定位战略需要与品牌形象一致，确保品牌向外传递的信息是一致的，从而增强品牌在消费者心中的认知和信任。

（二）市场变化的挑战与机遇

科技的不断进步带来了新的产品和服务，改变了消费者的购物行为和需求。企业需要适应技术创新，不断调整产品和服务的定位，以满足消费者对新技术的需求。消费者行为随着社会、文化和经济因素的变化而不断发生改变。企业需要密切关注消费者行为的变化，调整产品的定位以适应新的消费趋势，提高产品的市场吸引力。

新兴市场的兴起为企业提供了新的发展机遇，但也带来了更复杂的市场环境。企业需要灵活调整定位战略，更好地适应新兴市场的需求和竞争格局。竞争对手的策略可能随时发生变化，可能是新的竞争者进入市场，也可能是现有竞争者调整其产品、定价等策略。企业需要及时了解竞争对手的动态，灵活调整自身的定位战略。

（三）定位战略与市场变化的协调

定期进行市场调研是协调定位战略与市场变化的有效途径。通过市场调研，企业可以了解市场的实际状况、竞争格局以及消费者的需求变化，从而及时调整定位战略。消费者的反馈是市场变化的重要指标之一。企业需要建立有效的反馈机制，收集和分析消费者的反馈信息，了解他们的期望和需求，以便调整产品定位和品牌形象。

竞争对手的行为可能对企业的市场地位产生直接影响。因此，企业需要密切关注竞争对手的动态，及时了解其策略变化，并迅速做出反应，调整自身的定位战略。产品是定位战略的核心，企业需要灵活调整产品的定位以适应市场需求的变化。这可能包括产品功能的优化、新品的推出、适应新兴市场的产品设计等方面的调整。

随着市场的变化，企业的品牌形象也需要进行相应的调整。但无论怎样调整，都需要

① 曾华.新形势下中小型企业战略管理的剖析与优化[J].商场现代化，2022（16）：140-142.

确保其传递的品牌价值观是一致的，以确保品牌在消费者心中的认知和信任。

在不断变化的市场环境中，定位战略与市场的协调是企业保持竞争力和实现长期发展的关键。通过定期市场调研、敏捷战略、多元化战略等手段，企业可以更好地适应市场的多变性，抓住机遇，应对挑战。在未来，随着全球经济、科技等方面的不断变化和发展，企业需要不断优化定位战略，保持对市场变化的敏感性和应变能力，以实现可持续发展。

第四章　品牌故事与传播策略

第一节　品牌故事的建构与表达

一、自由贸易港品牌故事构建的创意过程

品牌故事是企业与消费者之间建立连接、传达核心价值观的重要工具。对于自由贸易港而言，品牌故事的构建不仅需要突显独特的商业特色，还需要传达自由、开放、创新等核心概念。以下将深入探讨自由贸易港品牌故事构建的创意过程，其包括理念概括、故事要素、情感元素以及传播渠道等方面，旨在为自由贸易港品牌塑造提供有实际操作性的创意指导。

（一）理念概括

自由贸易港作为一个开放的经济体，其品牌故事的核心理念应该围绕着自由和开放的理念展开。可以从贸易自由化、资本流动自由、人才流动自由等方面出发，强调自由贸易港为各类资源提供开放的平台，鼓励创新和合作。自由贸易港在全球经济中扮演着创新的引领者角色，其品牌故事需要突出创新与发展的理念。可以通过展示自由贸易港在科技、科研、产业创新等方面的成就，强调其在未来的引领作用。

自由贸易港通常是一个国际性的交流平台，其品牌故事可以强调多元融合的理念。无论是文化、商业还是人才，自由贸易港都是各种元素的交汇之地，品牌故事可以通过讲述不同文化背景的企业家、创新者的故事，展现多元融合的魅力。

（二）故事要素

品牌故事需要有一个引人入胜的主人公，他可以是一个企业家、一家创新公司，还可以是一个代表自由贸易港理念的拟人化形象。主人公的成长与奋斗过程可以成为故事的核心。故事情节需要有冲突元素，这可以是市场竞争、经济波动等外部压力，也可以是主人公内心的挣扎与抉择。通过情节冲突，品牌故事更容易引起受众的共鸣。

品牌故事中的转折点是主人公发展过程中的关键时刻，也是情节推进的关键节点。可以通过某个突发事件、战略调整等来展示自由贸易港的韧性与应变能力。

品牌故事的结局需要具有感染力和启发性，可以是主人公取得的巨大成功，也可以是他们面对挑战而获得的成长。总而言之，结局要能够激发受众对于自由贸易港的认同感和期待。

（三）情感元素

通过品牌故事传递温暖、关怀的情感元素，让受众感受到自由贸易港的人性关怀。可以通过展示企业家的背后故事、员工的奋斗历程等，增强品牌的人情味。突出自由贸易港的成就，与受众分享其中的喜悦。可以通过企业在国际舞台上的荣誉、创新成果的展示等方式，传递自由贸易港为社会带来的正能量。

品牌故事中可以融入对未来的期待，展示自由贸易港对于未来的愿景和承诺。这可以通过对未来发展规划的展望、对科技创新的追求等方式来呈现。

（四）传播渠道

社交媒体是品牌故事传播的重要渠道，通过在平台上发布有趣、感人的故事内容，引发用户的关注和分享，提高品牌影响力。举办品牌活动是一个直接触达目标受众的方式，可以通过线上、线下或二者融合的活动形式，将品牌故事融入其中，提升品牌知名度。

视频是一种更生动、直观的表达方式，可以通过短视频、微电影等形式，将品牌故事以图像的方式呈现，更容易引起观众共鸣。建设品牌网站和博客是将品牌故事进行深度展示的有效途径。通过在网站上建立专门的品牌故事板块，详细叙述品牌的发展历程、核心价值观，并结合图片、视频等多媒体形式，吸引用户深入了解企业品牌。

与主流媒体进行合作，通过新闻报道、专访等形式，将品牌故事传播到更广泛的受众群体中。媒体的专业报道有助于提升品牌的公信力和认可度。通过互动性强的营销活动，让受众更深入参与品牌故事的传播过程。例如，可以设计线上线下的互动游戏、抽奖活动等，引发用户积极参与，扩大品牌影响力。

（五）创意过程步骤

在策划阶段，团队需要明确品牌故事的核心理念、受众定位以及故事要素。通过团队头脑风暴，明确主线、情节冲突点，并确保故事与自由贸易港的核心价值相契合。在创意构思阶段，团队可以通过不同的创意方法，包括 Mind Mapping、头脑风暴等，生成关于品牌故事的创意元素。这包括主人公的设定、情节发展、情感元素等。

基于创意构思，将故事脚本进行详细编写。明确故事的开头、发展、高潮、结局，确保故事情节的合理性和引人入胜。同时，融入自由贸易港的特色和理念。通过图像、视频、音频等多媒体素材，将故事脚本呈现出生动有趣的形式。利用创意设计和制作技巧，增强品牌故事的视觉冲击力和感染力。

制定详细的品牌故事传播计划，包括选择合适的传播渠道、制定发布时机、设计互动环节等。确保品牌故事在传播过程中能够最大程度地引发受众关注。在品牌故事发布后，通过数据分析、用户反馈等方式进行测试与优化。了解受众的反应和互动情况，根据实际效果进行相应的优化，提升品牌故事的传播效果。

自由贸易港品牌故事的创意过程需要在理念概括、故事要素、情感元素和传播渠道等方面进行精心策划。通过充分挖掘自由贸易港的特色与价值，构建引人入胜的品牌故事，可以提升品牌认知度、塑造品牌形象，进而在国际竞争中取得更大的优势。随着社会、经济的不断发展，自由贸易港品牌故事的创意过程也将面临新的挑战和机遇，需要不断调整与创新，以适应不断变化的市场环境。

二、故事表达形式与媒介选择

在品牌建设过程中，故事成为一种强大的表达工具，能够引起消费者的共鸣、传递品牌核心价值。然而，如何选择合适的故事表达形式以及适用的媒介渠道，是品牌策划中至关重要的环节。以下将探讨故事表达形式的多样性以及媒介选择的关键因素，为品牌策划提供实用的指导。

（一）故事表达形式

文字叙述是最传统也是最直接的故事表达形式之一。通过文字，品牌可以详细叙述品牌的发展历程、核心价值观等信息。文字叙述的优势在于能够提供更多的细节和深度，使受众更全面地了解品牌。

图像叙事是通过图片或图像来传达故事。这种表达形式更强调视觉冲击力，能够通过精心设计的图像传递情感和核心信息。图像叙事通常更容易引起注意，适合快速传递简洁而强烈的信息。

视频叙事是近年来较为流行的表达形式之一。通过视频，品牌可以将故事以更生动、具体的方式呈现，包括场景、人物、情节等元素，加强观众的感官体验。视频叙事在传递情感、塑造形象方面有独特优势。互动体验是一种更具参与性的故事表达形式。通过互动性的设计，品牌可以让受众更直接地参与到故事中，增强他们的参与感和体验感。这包括线上线下的互动活动、游戏等形式。

随着技术的不断进步，虚拟现实（VR）和增强现实（AR）成为创新的故事表达形式。品牌可以通过虚拟现实的方式，将受众带入虚拟场景中，让他们更直观地感受品牌故事。

（二）媒介选择的关键因素

不同的受众群体对于不同媒介的接受程度和偏好有所不同。在选择媒介时，需要充分考虑目标受众的特征，包括年龄、性别、文化背景等因素，以确保故事能够更好地传达给目标受众。

故事的情感需求是品牌选择媒介的关键因素之一。如果故事更强调情感共鸣和体验，视频、图像、互动体验等媒介可能更为实用；如果注重详细信息和深度阐释，文字叙述可能更合适。

品牌的形象与定位也影响了媒介选择。一些高端品牌可能更倾向于使用精致的图像或视频表达，强调品牌的高贵与独特性；而一些注重实用性的品牌可能更倾向于简洁明了的文字叙述。

不同媒介的制作和推广成本各异，品牌需要根据自身的预算和资源状况来选择合适的媒介。视频制作通常相对较昂贵，而文字叙述或图像叙事可能相对经济。故事内容的特点也是选择媒介的重要考量因素。如果故事需要强调场景、情感体验，视频等媒介更能表达；如果是关于产品功能或技术创新的详细介绍，文字叙述或图像叙事可能更适合。

（三）不同媒介的优势与劣势

1. 文字叙述

（1）优势

文字能够提供更多的细节和深度信息，适合详细阐述品牌的核心价值和发展历程。

文字内容更容易被搜索引擎收录，有助于提高品牌在搜索引擎中的曝光度。

（2）劣势

相比于图像和视频，文字叙述在传达情感和引起注意力方面相对欠缺。

受众需要花更多时间来阅读文字，相对不够直观。

2. 图像叙事

（1）优势

图像叙事通过精心设计的图片能够直观传递情感和核心信息。

图像能够迅速引起受众的关注，适合于快速传递简洁而强烈的信息。

图像在社交媒体上更容易被分享和传播，有助于扩大品牌影响力。

（2）劣势

相比于文字，图像叙事受到信息表达的限制，不能提供过多详细信息。

图像表达的效果受到视觉设计的影响，需要更精心的设计工作。

3. 视频叙事

（1）优势

视频能够通过音频、视觉等多种元素，更生动地传递品牌故事中的情感。

视频结合了视觉和听觉，能够提供更全面的感官体验。

在社交媒体上，视频更容易引起用户的关注和分享，有更好的传播效果。

（2）劣势

相比于其他媒介，视频制作成本通常较高，需要专业的技术和设备。

有些用户可能对于播放视频有一定的门槛，需要耗费一定的时间。

4. 互动体验

（1）优势

互动体验能够增强受众的参与感，让他们更深入地了解品牌故事。

通过互动，品牌可以根据受众的不同选择，个性化地传递信息。

（2）劣势

设计和开发互动体验的难度相对较高，需要专业的技术团队。

互动体验并不适用于所有品牌故事，有些内容可能并不适合互动展示。

5.虚拟/增强现实叙事

（1）优势

虚拟/增强现实叙事能够提供更为沉浸式的体验，让用户能够身临其境。

采用这种形式能够突显品牌的技术创新和前瞻性。

（2）劣势

虚拟/增强现实叙事需要先进的技术支持，对于一些中小型品牌可能存在技术门槛。

用户需要具备相应的虚拟现实或增强现实设备，限制了受众范围。

（四）媒介选择的实践建议

在实际品牌故事表达中，综合运用多种媒介形式可能更为有效。例如，可以通过文字叙述搭配图像、视频，或者结合互动体验等，达到更全面、多层次的传达效果。不同的平台有不同的特性，品牌需要根据选择的平台来优化故事表达形式。在社交媒体上，图像和视频更容易引起用户关注，而在官方网站上，则可以更充分地利用文字叙述。

在选择媒介的过程中，品牌应该强调品牌特色和受众互动。品牌特色决定了哪种媒介更适合突出品牌形象，而受众互动则有助于提升受众的参与感。在故事表达的过程中，品牌应该不断进行测试与优化。通过观察受众反馈、分析数据等手段，了解不同媒介的效果，及时调整和优化品牌故事的表达方式。

选择合适的故事表达形式和媒介是品牌策划中至关重要的一环。不同的形式和媒介各有优劣，需要根据品牌特色、受众特征、预算等方面进行综合考虑。在实践中，品牌可以灵活运用多种媒介形式，不断尝试和创新，以更好地传达品牌核心价值，引起受众共鸣。同时，定期进行数据分析和用户反馈，及时调整故事表达方式，确保品牌故事在不同媒介中均可取得最佳效果。

三、故事与品牌核心价值的关联

品牌故事是品牌传播的关键元素之一，而与品牌核心价值的关联性决定了故事在品牌建设中的有效性。一个成功的品牌故事应当能够贴合品牌的核心价值，通过情节、人物等元素传达出品牌的独特性、信念和使命。以下将深入探讨故事与品牌核心价值之间的关系，探讨如何通过故事形式更好地展现品牌核心价值。

（一）品牌核心价值的定义

1.品牌核心价值的概念

品牌核心价值是指品牌在市场中的独特性、信念、理念和使命等方面的基本价值观。它是品牌建设的基石，决定了品牌在消费者心目中的地位和形象。品牌核心价值通常是品牌所追求的长期目标，是品牌文化的重要组成部分。

2.品牌核心价值的构成要素

（1）独特性（Uniqueness）：品牌在市场上的独特性，即品牌与竞争对手的差异化。

（2）信念与理念（Beliefs and Principles）：品牌所坚持的信念、价值观和理念，表达了品牌对社会、环境等方面的态度。

（3）使命（Mission）：品牌的使命陈述，即品牌存在的原因和为何在市场中发挥作用。

（4）消费者价值（Customer Value）：品牌为消费者创造的价值，包括产品质量、服务水平等。

（二）故事在品牌建设中的作用

故事是一种通过叙述事件、描绘人物、展示情节的方式，向受众传递信息、情感和价值观的艺术形式。在品牌建设中，故事不仅仅是一个传达信息的媒介，更是一种可以激发共鸣、引发情感共振的工具。

通过故事，品牌能够在情感上与消费者建立起连接，使品牌更加亲近和有温度。人类更容易记住故事而非干燥的信息，因此，通过故事能够提高品牌在消费者心中的记忆度。故事是一种有效的传播方式，能够将品牌的核心信息融入故事情节中，更容易引起受众的关注和理解。通过生动的故事情节，品牌能够更好地展现出自己的特色、信念和理念，从而塑造独特的品牌形象。

（三）故事与品牌核心价值的关联性

品牌核心价值的独特性是品牌在市场竞争中的差异化体现。通过故事，品牌可以生动地展现自己的独特性，通过情节、人物等元素将品牌独有的特色表达出来。故事情节中的独特元素能够深刻地体现品牌核心价值的独特性，从而使品牌在受众心中形成鲜明而独特的形象。

品牌的信念与理念是构成品牌核心价值的重要组成部分。通过故事，品牌可以更具体、更生动地传递自己的信念与理念。故事中的情节可以直观地展示品牌的价值观，通过人物的言行和遭遇，使受众更深刻地理解品牌的信念与理念。这样的故事传递方式有助于受众更加深入地认知品牌核心价值。

品牌的使命是品牌存在的原因和目标，是品牌核心价值的引导方向。通过故事，品牌可以生动地描绘自己的发展历程、奋斗目标，使受众更加清晰地了解品牌的使命。故事情节中展现的品牌使命，能够引起受众的共鸣和认同，可以加深他们对品牌的认知与好感。消费者是品牌价值链中的重要一环，他们的价值观和需求直接影响品牌的发展。通过故事，品牌可以将消费者价值融入情节中，通过品牌与消费者的互动，呈现出品牌对消费者关切的关注和回应。故事中的人物与情节可以具体展现品牌是如何满足消费者需求、创造价值的，从而增强消费者对品牌的认同感。

品牌形象是品牌在受众心中的整体印象，而故事是塑造品牌形象的有力工具。通过情节设定、人物塑造等手法，品牌可以在故事中体现出自己所追求的形象，强化品牌在消费者心目中的印象。一个生动、贴合品牌核心价值的故事，能够在受众心中留下深刻的品牌形象。

品牌故事与品牌核心价值的关联性是品牌建设中不可忽视的重要环节。通过故事，品牌可以更直观、更有趣地向受众传达自己的独特性、信念和使命，加深受众对品牌的认知与认同。成功的品牌故事不仅能够强化品牌形象，更能够在消费者心中留下深刻的印象，为品牌长期发展奠定基础。在创作品牌故事时，深入了解品牌核心价值，注重情感共鸣，精心设计情节，结合多种媒体形式，都是创造成功品牌故事的关键要素。通过这些方法，品牌可以更好地将自己的核心价值嵌入故事情节中，实现品牌形象的深刻传播与共鸣。

第二节　自由贸易港品牌的历史与文化传承

一、文化传承在品牌故事中的角色

品牌故事是品牌传播的关键元素之一，而文化传承则为品牌故事提供了深厚的内涵和独特的价值。文化传承不仅可以赋予品牌故事历史感和深度，更能够连接消费者与品牌之间的情感纽带[1]。以下将深入探讨文化传承在品牌故事中的角色，以及如何通过文化元素丰富品牌故事，打造具有独特文化魅力的品牌形象。

（一）文化传承的概念

1. 文化传承的定义

文化传承是指人类在社会历史长河中，将一代人积累的知识、信仰、价值观、技艺等传递给下一代的过程。这包括口头传统、文学艺术、历史记忆、宗教信仰、技艺技术等多个方面。文化传承是社会文明的延续和发展的基础，也是塑造一个群体或国家独特性的关键。

2. 文化传承的要素

文化传承涵盖广泛的要素，其中一些关键要素包括以下内容。历史事件、传统风俗、社会变迁等构成一个群体或国家的历史记忆，是文化传承的基石。一代人对于道德、伦理、社会责任等方面的理念和观点，通过文化传承传递给下一代。经典文学、绘画、音乐、舞蹈等艺术形式是文化传承的载体，通过这些形式传递文化的美学与情感。传统手工艺、科学技术等技艺传承，保留并发扬了一代人的智慧和经验。

（二）文化传承与品牌故事的关联

品牌故事往往源自品牌的文化渊源，这包括品牌的创立背景、历史渊源、创始人的经历等。文化传承为品牌提供了根深蒂固的文化内涵，为品牌故事注入了历史感和独特性。品牌故事通过讲述品牌的起源、发展历程，将品牌的文化传承与消费者进行分享，建立了品牌与消费者之间的历史纽带。

品牌故事中融入的文化元素可以是丰富多彩的，包括但不限于以下内容。品牌故事可以通过传统仪式、节庆等庆典活动展示品牌对文化传统的尊重和参与。将传统手工艺融入

---

① 王吉，徐晓杰，梁泰铭.海南自由贸易港通用航空研究[M].海口：海南出版社，2022：211.

品牌故事中，展示品牌对本土技艺的珍视，呼应文化传承的核心。通过引用经典文学作品、艺术创作等方式，使品牌故事更具艺术性和深度。品牌故事可以通过描绘历史人物的故事，或是与历史事件的关联，来表达品牌与历史的紧密联系。

文化传承在品牌故事中能够激发消费者的情感共鸣。当品牌故事与文化元素相结合时，消费者可能因为对文化传承的认同而产生共鸣，感受到一种归属感和情感连接。这种情感共鸣有助于建立起品牌与消费者之间更加深厚的情感纽带，提高品牌忠诚度。

（三）文化传承在品牌故事中的角色

文化传承在品牌故事中的一个重要角色是强化品牌身份认同。通过讲述品牌与特定文化背景之间的关联，品牌故事能够塑造品牌独特的身份认同。这种认同感使消费者更容易与品牌建立联系，因为他们感受到了与品牌文化传统的一脉相承[1]。

文化传承可以帮助品牌在故事中传达自己的价值观念。通过展示品牌与特定文化价值观念的契合，品牌故事能够强调品牌所坚持的信仰、理念以及对社会的责任感。这种价值观念的传递有助于品牌在消费者心中建立积极的形象，激发他们对品牌的好感和认同。

文化传承为品牌故事提供了历史深度的元素。通过在品牌故事中描绘品牌的历史、发展过程，特别是与文化传统相关的历史事件，品牌能够展现自己的丰富历史底蕴。这有助于树立品牌的可靠性和稳定性，同时也让消费者更加信任和尊重这个拥有深厚历史背景的品牌。文化传承通过品牌故事与消费者的情感建立联系。当消费者感受到品牌与其熟悉的文化传统有着紧密联系时，产生的情感共鸣会增强他们对品牌的喜爱和忠诚度。这样的情感联系超越了单纯的商品购买关系，让品牌在消费者心中更具深度和意义。

（四）文化传承在不同行业中的应用

在餐饮业中，文化传承可以通过菜品的历史渊源、传统烹饪技艺等元素融入品牌故事。通过讲述厨师的传统手艺、家族独有的食谱，品牌故事可以打动消费者的味蕾，使他们更愿意选择这个与文化传统有关的餐厅。

在时尚行业，品牌可以通过故事强调设计灵感来源、品牌创立者的文化背景，甚至是某个历史时期的时尚元素。这样的品牌故事不仅为产品赋予了文化内涵，同时也使消费者更有兴趣了解并穿戴这个代表文化传承的品牌。

在酒业中，文化传承常常与品牌故事紧密相连。通过强调酿酒历史、家族传统、特定产区的独特文化，品牌能够营造出一种独特的酿酒传统，使消费者对品牌产生浓厚兴趣。

文创产业以文化为创作源泉，因此文化传承在这个行业尤为关键。品牌故事可以通过展示设计师对传统文化的理解、创新和演绎，使文创产品更有深度，激发消费者对独特文化产品的购买欲望。

（五）文化传承在国际化品牌中的应用

在国际化品牌中，文化传承需要适应不同文化背景的受众。跨文化沟通要求品牌故事能够在不同文化之间建立共鸣，因此需要对目标市场的文化进行深入了解，以确保文化传

---

① 黄景贵.海南自由贸易港产业发展研究 [M].海口：海南出版社，2022：112.

承元素能够在不同文化中被理解和接受。

国际化品牌的文化传承可以融合多元文化元素，使品牌故事变得更加包容和多样。这可以通过吸纳不同文化的传统元素、历史符号等方式，使品牌在国际舞台上更具吸引力。

在国际化背景下，文化传承要能够创造全球共鸣。这意味着品牌故事中的文化元素不仅要符合本土文化传统，同时也要具有足够的普世性，能够在全球范围内引起共鸣，建立起全球消费者对品牌的共同认同感。

（六）文化传承在数字化时代的创新

在数字化时代，品牌可以通过各种数字媒体平台，如社交媒体、短视频平台等，将文化传承融入品牌故事中，并以更富创意和互动性的方式传播。通过精心制作的视频、图文内容，品牌可以生动展现与文化传统相关的元素，引起受众的关注和参与。

利用虚拟现实（VR）和增强现实（AR）等技术，品牌可以创造更为沉浸式的文化传承体验。通过让消费者亲身参与、体验品牌故事中的文化元素，使品牌与消费者之间的联系变得更为紧密。这种互动体验有助于加深受众对品牌文化传承的认知和理解。数字化时代的数据分析工具可以帮助品牌更准确地了解消费者的文化兴趣和偏好。基于数据分析的结果，品牌可以通过个性化推送方式，将符合消费者文化传承背景的故事内容呈现给他们，提高故事传播的针对性和效果。

在社交媒体平台上，品牌可以鼓励用户分享与品牌文化传承相关的内容，从而形成用户生成的品牌故事。这种参与性的传播方式不仅扩大了品牌故事的传播范围，也让消费者更加切身地参与到品牌文化传承的过程中。

（七）文化传承与品牌可持续发展

通过强调文化传承，品牌可以参与到文化保护的过程中。保护和传承本土文化，不仅有助于品牌树立社会责任感，更能够为品牌创造长远的可持续性。保护本土文化传统也有助于品牌在本土市场的可持续发展。

文化传承的品牌故事往往与社会责任和公益活动相结合。品牌通过参与文化传承，不仅弘扬文化，还能够在公益领域发挥积极作用，推动社会的可持续发展。这种社会责任感有助于建立品牌在社会中的正面形象。文化传承为品牌提供了深度和内涵，使品牌形象更加丰富和独特。这种深度有助于品牌在市场竞争中脱颖而出，建立起更具吸引力的品牌形象。深厚的品牌形象有助于品牌在长期中保持竞争优势。

文化传承在品牌故事中扮演着不可忽视的角色，为品牌注入了历史感、深度和情感共鸣。通过品牌故事中融入文化元素，品牌不仅能够强化身份认同，提升价值观念，还能够聚焦消费者情感，创造深厚的历史底蕴。在数字化时代，文化传承可以通过创新的方式，如数字媒体、互动体验等，更好地与现代消费者进行连接。文化传承不仅是品牌故事的元素，更是品牌可持续发展的重要支撑。通过在不同行业和国际化品牌中的应用，文化传承展现了其广泛的适用性和灵活性[1]。在数字化时代，创新的手段和社交媒体的参与使文化传承更具活力，为品牌故事的传播提供了更多可能性。

---

① 黄景贵.海南自由贸易港产业发展研究 [M].海口：海南出版社，2022：123.

二、历史元素与品牌情感连接

历史元素在品牌建设中扮演着重要的角色，它们不仅赋予品牌深厚的文化内涵，同时通过情感连接，将品牌与消费者之间建立起独特的纽带。以下将深入探讨历史元素在品牌中的应用，以及它们如何有效地促使品牌与消费者产生情感共鸣，建立深厚的情感连接。

（一）历史元素的定义与作用

历史元素是指品牌在其发展历程中积累的历史事件、故事、符号、标志等，它们构成了品牌的过去，是品牌身份组成的一部分。历史元素可以包括品牌的创始故事、标志性产品、创始人的经历，以及品牌在社会历史中的各种事件和成就。

历史元素是品牌文化传承的具体体现，它们承载了品牌的独特性和身份认同，为品牌赋予了深厚的文化内涵。历史元素通过展示品牌的历史积淀和稳定性，有助于建立起消费者对品牌的信任感，使消费者更愿意与品牌建立长期关系。通过历史元素，品牌能够激发消费者的情感共鸣，建立深厚的情感连接。消费者在历史元素中找到了与品牌共同成长的经历，从而产生更强烈的品牌忠诚度。

（二）历史元素的品牌应用

品牌的创始故事是历史元素中的重要组成部分。通过讲述创始故事，品牌能够将消费者带回到品牌创立的时刻，展示创始人的初心和坚持。这种故事能够为品牌注入人性化的元素，使消费者更容易产生情感共鸣。某些品牌的历史中可能有一款或几款标志性产品，这些产品不仅代表了品牌的核心价值，同时也成为品牌与消费者之间情感连接的纽带。通过强调标志性产品的独特之处，品牌能够唤起消费者对这些产品的记忆和喜爱，进而建立起情感联系。

品牌创始人的经历往往是品牌历史中的亮点。通过讲述创始人的奋斗历程、智慧和决策，品牌可以展示出其领导者的背后故事。这种故事不仅能够强化品牌领导者的形象，也能够让消费者更深入地了解到品牌的价值观和使命。一些品牌在历史上可能涉足过社会或公益领域，产生了一定的社会影响力。通过强调品牌在社会上的积极作用，品牌能够吸引有社会责任感的消费者，建立起品牌与消费者共同关注社会问题的共鸣点。

（三）历史元素与情感连接的关系

情感共鸣是一种情感上的共同体验，是消费者与品牌之间建立深厚联系的关键。历史元素通过触发消费者的情感共鸣机制，使消费者能够在品牌故事中找到与自己生活经历相关的情感体验，从而建立起更为深刻的情感连接。

历史元素中的共同回忆是情感连接的重要构成。当品牌通过历史元素唤起消费者对过去的回忆时，消费者会感受到一种与品牌共同成长的情感，这种共同回忆成为品牌与消费者之间的情感纽带。

历史元素有助于强化消费者对品牌的身份认同感。通过历史元素，品牌展示了自己的文化传承和独特性，使消费者更容易认同品牌的核心价值观，从而产生更为深刻的情感连接。历史元素在品牌建设中扮演着不可或缺的角色，它们不仅为品牌赋予了深厚的文化内涵，还通过情感连接与消费者建立了独特的关系。

在数字时代，历史元素的创新应用成为品牌发展的新动力。虚拟现实、增强现实等技术为品牌提供了全新的展示方式，数字媒体平台和个性化推送则增强了品牌与消费者的互动性。这些创新方法丰富了品牌故事的呈现形式，使消费者能够更深入地了解品牌的历史，促使情感共鸣更加深刻。与此同时，历史元素与品牌可持续性的关系也日益凸显。品牌通过保护和传承文化遗产，参与社会责任与可持续发展，不仅树立了品牌的正面形象，也为品牌的可持续发展打下了坚实基础。

总体而言，历史元素是品牌建设中的重要组成部分，它们为品牌注入了独特性、信任感和深厚的情感共鸣。在竞争激烈的市场中，品牌需要巧妙运用历史元素，通过情感连接赢得消费者的心，同时在数字时代中不断创新，以适应消费者的多样化需求。历史元素不仅是品牌的过去，更是品牌未来成功的关键之一。

三、自由贸易港文化传统在品牌中的体现

自由贸易港作为一个独特的经济体系，其文化传统在品牌建设中发挥着重要作用。自由贸易港不仅仅是一个商业枢纽，更是一个融合多元文化的地方。以下将深入探讨自由贸易港文化传统在品牌中的具体体现，包括文化价值观、商业氛围、国际化特色等方面，以揭示自由贸易港品牌的独特魅力。

（一）自由贸易港的文化传统概述

自由贸易港是都一个允许商品和服务在无征税或征税优惠的条件下进行自由贸易的地区。这种地区通常拥有开放的经济政策，吸引国际投资和贸易活动。自由贸易港不仅仅是经济体制的代表，还承载着丰富的文化传统。这包括了商业文化、国际化意识、多元社会等元素，构成了自由贸易港独特的文化基因。

（二）文化传统在自由贸易港品牌建设中的体现

自由贸易港的文化传统之一是国际化氛围的打造。在这里，不同国家和地区的商家、投资者、游客汇聚，形成了一个多元化的社群。品牌在自由贸易港建设中常常强调国际化特色，通过多语言服务、跨文化交流等方式，体现出国际合作与融合的文化传统。自由贸易港的商业多元性是其独特文化传统之一。各种各样的商业形态、行业和商品在这里汇聚，形成了一个充满创新和多元选择的商业环境。品牌在自由贸易港的建设中，常常强调其商业多元性，打造多元化产品线，吸引不同需求的消费者。

自由贸易港注重对外开放，倡导分享和合作的文化价值观。这种文化价值观在品牌建设中得以体现出来，品牌常强调开放、分享、合作的理念，通过合作项目、共享资源等方式，营造对外开放的品牌形象。

由于自由贸易港吸引了大量国际客户，服务国际化成为品牌建设中的一项重要体现。

品牌通过提供多语言服务、国际支付方式、全球物流网络等手段,使其服务更贴近国际客户的需求,体现自由贸易港对国际化服务的文化传统。

(三)自由贸易港文化传统对品牌形象的影响

自由贸易港文化传统的国际化氛围对品牌形象产生积极影响。品牌可以借助自由贸易港的国际化特色,打造国际化形象,使其更容易在国际市场中被接受和认可。国际化形象有助于品牌在全球范围内扩大知名度,提高国际市场份额。

自由贸易港文化传统的商业多元性对品牌形象有深远影响。品牌可以在自由贸易港的平台上呈现多元化的产品线和服务,使品牌形象更加多样化。这种多元性有助于吸引不同背景、需求和文化的消费者群体,使品牌在市场中更具包容性和广泛吸引力。自由贸易港文化传统注重开放与合作,这对品牌形象的塑造提供了有益的启示。品牌可以借鉴自由贸易港的文化传统,强调开放的商业态度和与其他品牌、机构的合作关系。这种开放与合作的形象有助于建立品牌的伙伴关系,促进业务发展。

自由贸易港文化传统对服务国际化的重视,对品牌形象产生积极的塑造作用。品牌可以通过提供全球化的服务,展示其对国际客户的关注和贴心服务。这种国际化服务形象有助于品牌在国际市场拥有良好的声誉,提升消费者对品牌的信任度。

(四)自由贸易港文化传统在品牌传播中的体现

自由贸易港文化传统的国际化特色为品牌传播提供了丰富的素材。品牌在传播中可以充分利用自由贸易港多元文化的元素,采用跨文化传播策略,使品牌的传播更具包容性和吸引力。通过融入不同文化元素,品牌可以更好地适应国际市场的多样性。自由贸易港文化传统强调开放、分享、合作,这为品牌传播提供了以人为本的理念。品牌在传播中可以突出对消费者需求的关注,强调品牌与消费者之间的紧密联系,打造一个人性化、温暖的品牌形象。以人为本的传播策略有助于激发消费者的情感共鸣,增强品牌忠诚度。

自由贸易港文化传统注重对外开放,追求共同发展,这为品牌传播中强调社会责任提供了依据。品牌可以通过传播展示其在社会责任方面的努力,参与社会公益项目,传递品牌对社会的关切。这种社会责任传播有助于提升品牌形象,赢得社会的认可。

(五)自由贸易港文化传统对品牌可持续发展的启示

自由贸易港文化传统注重开放、合作和多元化,品牌在建设过程中应保持与这一价值观的一致性。品牌的核心价值观应与自由贸易港的文化传统相契合,以确保品牌在自由贸易港环境中更好地融入、发展。自由贸易港文化传统蕴含着创新的基因,品牌在建设中应当注重创新驱动。通过不断引入新产品、新服务、新技术等,品牌能够保持在市场中的竞争力,促使品牌的可持续发展。

自由贸易港文化传统强调多元文化的融合,品牌应倡导融合多元文化的理念。通过吸收不同文化元素,打造出具有包容性的品牌形象,有助于在不同文化背景下获得广泛的认可。

自由贸易港文化传统关注社会责任,品牌在发展中也应当积极履行社会责任。通过参与社会公益、环境保护等活动，品牌能够树立起积极向上的形象，获得社会的尊重和支持，进而实现可持续发展。

自由贸易港文化传统强调合作，品牌在发展中应重视构建良好的合作关系。与其他品牌、企业、机构的合作能够带来互利共赢的效果，促进品牌发展的可持续性。自由贸易港作为一个经济独特的实体，其文化传统在品牌建设中发挥着重要作用。品牌通过体现自由贸易港的国际化氛围、商业多元性、开放与合作的文化价值观以及服务国际化等方面，塑造了独具魅力的形象。这种形象不仅在品牌传播中得以体现出来，还对品牌形象的塑造、品牌可持续发展产生了深远的影响。

自由贸易港文化传统启示品牌注重与社会价值观的一致性，强调创新驱动、融合多元文化、关注社会责任以及构建良好合作关系。这些启示为品牌在竞争激烈的市场中保持竞争力、赢得消费者信任提供了有益的指导。

在全球化的时代，自由贸易港文化传统的影响力将进一步凸显出来，品牌在建设中应灵活运用这些文化传统，不断创新，以适应不断变化的市场环境，实现品牌的可持续发展。通过深入理解和融入自由贸易港的文化传统，品牌将能够在竞争中脱颖而出，为自身带来更加辉煌的未来。

第三节　品牌传播的目标与受众

一、品牌传播目标的设定与衡量

品牌传播是企业在市场中树立和推广品牌形象的过程，其成功与否直接关系到品牌在消费者心中的印象和认知。为了有效地进行品牌传播，企业需要设定明确的传播目标，并建立有效的衡量体系。以下将深入探讨品牌传播目标的设定与衡量，包括目标的制定原则、不同阶段的传播目标、衡量指标的选择等方面。

（一）品牌传播目标的设定原则

品牌传播目标首先要求明确，能够清晰表达企业期望在市场中实现的具体成果。目标明确性有助于员工更好理解和认同品牌的发展方向，同时也为品牌传播活动提供了明确的方向和依据。设定可量化的品牌传播目标是衡量品牌活动效果的基础。通过量化目标，企业可以更容易地评估品牌传播活动的成果，并进行有效的调整和优化。例如，提高品牌知名度、增加销售额等都是可量化的目标。

品牌传播目标要求在一定时间内是可实现的。目标过于理想化或超过企业实际能力，可能导致员工沮丧和品牌传播活动的失败。设定可达性目标有助于提高团队的士气和信心。

品牌传播目标应与企业整体战略一致，有助于确保品牌传播活动对企业长期发展的支持和促进。目标与企业战略一致性有助于形成整体合力，推动品牌向着战略方向发展。

（二）不同阶段的品牌传播目标设定

在品牌认知阶段，企业的主要目标是提高品牌的知名度和认知度。具体的传播目标可以包括以下内容。通过广告、宣传等方式，使更多的目标群体了解品牌。塑造品牌独特的形象和特征，使其在消费者心中留下深刻印象。通过定向的传播活动，将品牌消息传递给更广泛的受众。在品牌考虑阶段，消费者已经对品牌有一定的认知，但还在考虑是否选择该品牌。传播目标可以包括以下内容。通过情感化的传播方式，提升消费者对品牌的好感度。突出品牌的独特特点，使其在竞争中更具竞争力。通过引导消费者了解产品特色和优势，提高其购买倾向。在品牌决策阶段，消费者已经决定选择该品牌。传播目标可以包括以下内容。通过促销、优惠等方式，引导消费者完成购买行为。通过建立良好的售后服务体系，提高客户对品牌的信任感和忠诚度。通过激发消费者的满意度，促使他们成为品牌的品牌传播者。

（三）品牌传播目标的衡量指标选择

通过市场调查、问卷等方式，评估品牌知名度在一定时期内的提升情况。通过社交媒体平台的关注度、分享度等指标，了解品牌在社交媒体上的曝光情况。通过搜索引擎关键词排名情况，评估品牌在搜索引擎上的曝光度。

通过定期进行品牌好感度的调查，了解消费者对品牌的喜好程度。通过关键词搜索量的监测，评估消费者对品牌特色的关注度。通过市场调查、销售数据等方式，评估品牌在市场中的份额提升情况。

通过销售数据统计，计算购买转化率，了解品牌传播活动对购买行为的影响。定期进行客户满意度调查，了解客户对品牌产品和服务的满意程度，评估品牌在品牌决策阶段的表现。通过分析客户行为数据，计算重复购买率，了解品牌的客户忠诚度和回购行为。监测社交媒体、在线评论等平台上的口碑传播情况，评估消费者对品牌的口碑形成程度。

（四）品牌传播目标的调整与优化

品牌传播目标的设定是一个动态过程，需要随着市场变化和企业发展进行调整和优化。以下是一些调整与优化的原则。定期进行数据分析，从各种数据指标中获取关键信息，了解品牌传播活动的实际效果。根据数据反馈，及时调整和优化传播策略，确保传播目标的顺利实现。随着市场竞争态势的变化，品牌传播目标也需要相应调整。对竞争对手的传播策略进行监测和分析，根据市场动态灵活调整品牌传播目标，保持竞争优势。倾听消费者的反馈和需求，了解他们的期望和关注点。根据消费者的反馈，调整品牌传播目标，使之更符合消费者的期望，提升品牌在消费者心目中的形象。

随着科技的发展，新的传播技术和平台不断涌现。品牌需要不断关注新技术的应用，灵活调整传播目标，使之能够适应新技术环境，提高传播效果。如果企业进行了品牌战略的调整，品牌传播目标也需要相应进行调整。确保品牌传播目标与企业整体战略保持一致，共同推动品牌的发展。

品牌传播目标的设定与衡量是品牌传播活动成功的关键因素之一。通过明确的目标设定，企业能够更好地引导传播活动，提高品牌在市场中的影响力。同时，有效的衡量指标能够客观评估品牌传播活动的效果，为调整和优化提供数据支持。

在动态的市场环境中，品牌传播目标需要随时调整和优化，以适应市场变化和企业发展。通过数据分析、市场竞争态势的监测、消费者反馈的倾听等手段，企业能够更好地应对挑战，保持品牌的竞争力和持续发展。品牌传播目标的设定与衡量不仅是品牌建设的过程，更是品牌成功的保障。

二、受众分析与品牌定位的关系

在当今竞争激烈的市场环境中，企业要想成功建立和推广自己的品牌，必须深入了解目标受众，从而有效地进行品牌定位。受众分析和品牌定位是紧密关联的两个方面，它们相互影响、相互促进，共同构建了一个成功的品牌战略[①]。以下将深入探讨受众分析与品牌定位之间的关系，探讨如何通过深刻的受众理解来优化品牌定位，从而实现品牌在市场中的卓越表现。

（一）受众分析的定义与重要性

受众分析是对潜在顾客和目标受众进行深入研究和了解的过程。通过对受众的社会、经济、文化、心理等多个方面的分析，企业可以更准确地把握受众的需求、偏好、行为和期望，为制定有针对性的品牌策略提供数据支持。

受众分析有助于企业更准确地识别目标受众，明确品牌应该面向的人群，从而更好地定位品牌在市场中的位置。通过深入了解受众的个体差异和需求，企业能够实施个性化的营销策略，提高市场针对性和响应度。通过与受众建立深层次的连接，品牌能够更好地回应受众的期望，建立起更加牢固的品牌关系，促进品牌的长期发展。

（二）品牌定位的定义与关键要素

1. 品牌定位的定义

品牌定位是指企业在目标市场中如何让自己的品牌与竞争对手形成差异化，从而在受众心中占据独特的位置。通过独特的品牌定位，企业能够突显自己的核心竞争优势，吸引目标受众的关注和忠诚。

2. 品牌定位的关键要素

确定品牌要面向的具体市场进行细分，明确目标受众群体。

强调品牌在某个方面相对于竞争对手的独特优势，使品牌在受众心中有明确的位置。

传达品牌对受众的价值承诺，强调品牌能够满足受众的需求和期望。

突显品牌与竞争对手的差异，使受众能够清晰地区分品牌特色。

（三）受众分析与品牌定位的关系

1. 受众分析指导品牌定位

受众分析能够帮助企业更精准地确定目标市场，了解目标受众的特征、需求和偏好，

---

① 刘美琪. 品牌定位在市场营销战略中的地位 [J]. 商场现代化，2021（21）：42-44.

为品牌定位提供有力支持。通过深入的受众分析，企业能够更好地理解受众的心理状态、价值观和情感需求，从而在品牌定位中更有针对性地引导受众情感共鸣。

受众分析有助于企业更清晰地认识市场竞争格局，确定差异化方向。通过深刻理解受众，企业能够优化差异化策略，确保品牌在受众心中形成独特印象。

2. 品牌定位影响受众认知

通过清晰的品牌定位，企业能够在受众心中建立起独特的品牌形象。这种形象不仅能够满足受众的需求，还能够与受众建立起深层次的情感连接。品牌定位强调的是品牌的核心价值和独特之处，通过这种强调，企业能够影响受众对品牌的认知，使其能够更清晰地理解品牌所代表的价值。

品牌定位能够对受众产生行为引导的作用。当品牌成功地定位在受众心中的某一位置时，受众更有可能采取与品牌定位一致的行为，比如购买、推荐等。品牌定位的清晰性和一致性有助于形成受众行为的稳定模式。

3. 品牌定位与受众期望的匹配

品牌定位应当与受众的实际需求相匹配，使品牌成为满足受众需求的首选。受众分析有助于深入了解受众的需求，从而调整品牌定位以更好地满足这些需求。品牌定位不仅要满足受众的基本期望，更要有所超越，创造出令受众惊喜和认可的价值。通过了解受众分析结果，企业能够更好地把握受众期望，实现品牌定位的创新和超越。

4. 受众反馈与品牌调整

通过定期收集受众的反馈信息，企业能够了解到受众对品牌定位的感知和评价。这些反馈信息为品牌调整提供了有力的依据，确保品牌在市场中保持活力。受众分析结果和反馈信息有助于企业灵活调整品牌定位。在市场变化或受众需求发生变化时，企业可以根据受众分析的结果，及时调整品牌定位，保持品牌的适应性和竞争力。

受众分析与品牌定位是品牌战略中两个紧密联系的环节。通过深入了解受众的需求、期望和心理，企业能够更准确地定位品牌，使其在受众心中建立起独特的形象。受众分析不仅指导品牌定位的制定，还会影响着品牌在市场中的表现和受众的认知。

品牌定位则通过强调独特性、差异化，使品牌在受众心中有清晰的定位。品牌定位的成功需要建立在深刻的受众理解基础上，确保品牌与目标受众的价值观、需求相契合。

三、不同传播渠道对受众的影响

在现代数字化时代，品牌传播已经从传统媒体扩展到多种传播渠道，如社交媒体、互联网、电视、广播等。不同的传播渠道对受众有着不同的影响，涉及信息获取、认知、情感连接等多个方面[①]。以下将深入探讨不同传播渠道对受众的影响，以帮助企业更好地制定品牌传播策略，更有效地与目标受众进行互动。

---

① 黄晟昱，邓晓琳. 设计驱动下的品牌管理与形象重塑浅析 [J]. 艺术研究，2019（2）：156-157.

（一）电视传播渠道

1.电视传播渠道的特点

电视是一种传统媒体，具有广泛的受众覆盖，能够触及不同年龄、社会阶层的受众群体。通过图像、声音的结合，电视传播具有强烈的视觉冲击力，能够在短时间内吸引受众的注意力。

2.电视传播对受众的影响

电视广告通过生动的画面和音乐，有助于快速建立品牌形象，加深受众对品牌的认知。通过电视传播，品牌能够更容易触发受众的情感共鸣，通过故事叙述等形式产生深刻的情感连接。

（二）社交媒体传播渠道

社交媒体强调用户参与和互动，是一种具有高度社交性的传播渠道。信息在社交媒体上传播速度快，能够实现实时更新，形成即时互动。

社交媒体通过评论、分享、点赞等互动方式，增强了用户参与感，提高了品牌与受众的互动频率。基于用户行为数据的分析，社交媒体能够实现个性化的内容推荐，更精准地满足受众的兴趣和需求。

（三）互联网传播渠道

互联网提供了便捷的信息获取方式，用户可以随时随地获取所需信息。互联网上存在各种形式的内容，包括文字、图片、视频等，满足了不同受众对信息的多样化需求[①]。

互联网传播渠道使得用户能够根据个体兴趣和需求，进行个性化的学习和信息获取。互联网上的信息传播速度快，品牌能够及时进行推送更新，保持与受众的沟通畅通。

（四）广播传播渠道

广播以声音作为主要传播方式，能够在一定范围内传播声音信息。由于广播的局限性，受众需要在特定时间内收听，较为固定。

通过声音的表达，广播能够在受众心中形成特有的语音特点，使品牌信息更易记忆。广播广告的音频效应能够引起受众的兴趣，通过声音的表达形式传达品牌信息。

（五）印刷传播渠道

1.印刷传播渠道的特点

印刷媒体主要通过文字表达信息，包括报纸、杂志、宣传单页等。

印刷媒体具有持久性，受众可以随时翻阅，形成长期的信息传播效应。

2.印刷传播对受众的影响

印刷媒体适合进行深度阅读，受众能够更仔细地了解到品牌的详细信息。

通过文字和图像的组合，印刷媒体有助于建立品牌的形象和信誉。

---

① 薛可.互联网群体传播：理论、机制与实证研究 [M].上海：上海交通大学出版社，2022：25.

（六）不同传播渠道的选择与整合

1. 选择原则

不同传播渠道适合不同的目标受众，企业需要根据目标受众的特征以选择合适的传播渠道。

不同的传播目的需要不同的传播渠道。比如，建立品牌形象可以选择电视广告，增加互动可以选择社交媒体，提供详细信息可以选择印刷媒体。

不同传播渠道的成本差异较大，企业需要根据预算去考虑选择合适的渠道。

2. 渠道整合

多渠道整合是指在传播策略中同时使用多种传播渠道，以形成更加全面和立体的品牌传播效果。不同传播渠道的整合需要保持品牌形象的一致性，确保在各个渠道传播的信息是相互协调、互为补充的。

不同传播渠道对受众的影响涵盖了广泛的领域，包括信息获取、认知建构、情感连接等多个层面。企业在制定品牌传播策略时，需要根据目标受众的特征、传播目的、预算等因素，选择合适的传播渠道。多渠道整合是提升品牌传播效果的有效途径，但需要确保各个渠道传播的信息是相互协调、一致的。

在未来，随着科技的不断发展，新的传播渠道不断涌现，品牌传播将面临更多的选择与挑战。企业需要不断更新传播策略，灵活运用各种传播渠道，以适应市场的变化，实现更广泛、深远的品牌影响。

第四节　媒体选择与整合传播

一、媒体选择的基本原则与策略

媒体选择是品牌传播中至关重要的一环，会直接影响品牌信息的传递效果和受众的接受程度。在众多媒体渠道中，企业需要根据品牌特征、目标受众、传播目的等因素进行科学合理的选择。以下将探讨媒体选择的基本原则与策略，以帮助企业更有效地制定品牌传播计划。

（一）媒体选择的基本原则

在进行媒体选择之前，企业首先要深入了解目标受众的特征，包括年龄、性别、地域、兴趣爱好等。这有助于选择能够精准触达目标受众的媒体。不同媒体具有不同的受众群体，企业应选择能够最好匹配目标受众特征的媒体，以提高广告的有效覆盖率。

品牌定位是企业形象的核心，媒体选择应与品牌定位相一致。选择与品牌形象相契合的媒体，有助于增强品牌形象的一致性。避免选择与品牌形象不符的媒体，以防止信息传递时的扭曲，确保受众对品牌的真实认知。不同的传播目的需要选择不同的媒体。比如，提高知名度可以选择广泛覆盖的大众媒体，而加强品牌形象可以选择更注重深度传播的专业媒体。

不同媒体有不同的特点，其中包括受众规模、传播速度、传播形式等。企业需要了解媒体的属性，确保选择的媒体能够更好地实现传播目的。

（二）媒体选择的策略

利用不同媒体的特点，进行整合传播。多媒体整合可以提高品牌传播的覆盖面，形成更全面的品牌形象。每种媒体都有其独特的传播优势，企业可以根据品牌特点，选择互补性强的多种媒体，使品牌信息在受众中更全面地传递。

在媒体投放过程中，企业需要根据实际传播效果调整不同媒体的投放比例。有时某一媒体效果良好，可以适当增加投放比例；反之，效果不佳时可以减少其投放比例。常规定期评估各个媒体的传播效果，以便及时发现问题、调整策略，确保媒体选择的有效性。

随着科技的发展，新兴媒体层出不穷。企业应关注新媒体的发展趋势，积极尝试创新的传播方式，以吸引更多年轻、潮流的受众。若目标受众主要在新媒体平台活跃，企业应主动拓展在这些平台上的传播渠道，使品牌信息更贴近目标受众。

在媒体选择过程中，企业需要考虑媒体投放的成本和产出的比例。选择具有较高投入产出比的媒体，确保传播效果与成本的平衡。根据实际需求和市场变化，企业应灵活调整媒体投放预算，使得整体传播更加灵活、高效。媒体选择在品牌传播中扮演着关键的角色，影响着品牌形象的建立和传播效果的实现。在选择媒体时，企业应根据目标受众、品牌定位、传播目的等因素遵循一定的基本原则。同时，灵活的策略调整、多媒体整合、创新媒体选择以及考虑成本效益都是成功的媒体选择策略。

在未来，随着科技的不断发展，媒体选择的策略也将更趋多元和创新，企业需要保持敏感性，随时调整策略以适应市场的变化。通过科学合理的媒体选择，品牌能够更好地与受众互动，实现品牌传播的最大效益化。

二、自由贸易港品牌在不同媒体的表现形式

随着全球自由贸易港的崛起，品牌的传播变得愈发重要。品牌在不同媒体上的表现形式直接关系到其形象的树立、传播的效果以及受众的认知。以下将探讨自由贸易港品牌在不同媒体上的表现形式，包括电视、社交媒体、互联网、广播、印刷等，以帮助品牌更好地利用多元媒体平台进行传播。

（一）电视媒体

在电视媒体上，自由贸易港品牌可以制作品牌宣传广告，通过生动的画面、音乐和情感化的叙事，向观众展示其独特的地理位置、经济特色以及服务优势。可通过制作特定项目的推广广告，如自由贸易区内的优质企业、特色产业等，以突出其在经济发展中存在的亮点。

自由贸易港品牌可以选择赞助国际或本地的体育赛事，通过赛事直播、广告曝光等形式提高品牌知名度，塑造积极向上的形象。参与文化活动赞助，如音乐节、艺术展览等，有助于提升品牌在文化领域的形象，展示自由贸易港的文化多样性。

（二）社交媒体

在社交媒体平台上制作短视频，展示自由贸易港的美景、独特文化和便捷服务，以引起用户的兴趣。通过社交媒体的故事功能，讲述自由贸易港品牌的发展历程、成功案例以及背后的价值观，增强品牌故事的感染力。

利用社交媒体进行投票和调查，邀请用户参与自由贸易港品牌的决策过程，增加用户参与感。鼓励用户生成与自由贸易港相关的内容，如旅行照片、体验分享等，通过 UGC（用户生成内容）形式增强品牌的真实性。

（三）互联网媒体

在官方网站上呈现自由贸易港的基本信息、投资政策、产业布局等，为用户提供全面的了解。提供在线服务平台，使投资者、企业能够更便捷地获取所需的相关服务和信息。

开发专业的投资者工具应用，提供市场分析、投资评估等功能，吸引全球投资者关注。针对游客，可以开发导览应用，提供自由贸易港的旅游线路、购物推荐等信息。

（四）广播媒体

在商业广播电台投放广告，强调自由贸易港的商业环境、政策优势，吸引更多企业来投资。通过文化广播电台投放广告，突出自由贸易港的文化特色，为品牌形象注入文化底蕴。

赞助商业谈话类节目，邀请业界专家讨论自由贸易港的经济发展、投资机会等话题，提高品牌在商业领域的专业形象。参与文化艺术类节目的赞助，如音乐会、文学讲座等，提高品牌在文化领域的影响力。

（五）印刷媒体

在商业杂志上投放广告，呈现自由贸易港的商业机会、投资环境等，吸引目标受众的关注。针对旅游市场，可以在旅游杂志上投放广告，展示自由贸易港的旅游资源和吸引力。

与政府合作，制作宣传册，向国内外投资者介绍自由贸易港的政策、发展规划等。面向游客，制作旅游手册，介绍自由贸易港的景点、文化、购物等信息。

（六）不同媒体的整合

在不同媒体上同时推出统一主题的活动，如品牌发布会、主题展览等，形成品牌整合营销的效果。与多个媒体平台合作，共同推动品牌形象的传播，跨足电视、社交媒体、互联网等多个领域。

邀请知名明星代言自由贸易港品牌，通过明星的影响力在不同媒体上扩大品牌自身曝光度。与艺术家、文学家等文化领域人士合作，创作相关作品，拓展品牌在文化领域的表现形式。

自由贸易港品牌在不同媒体上的表现形式需要根据目标受众、传播目的和品牌特征等因素进行科学合理的选择。电视媒体可以通过广告形式和赛事赞助形式展示品牌的商业魅力；社交媒体适合创意内容推广和互动式营销，增加用户参与感；互联网媒体可通过官方网站和互动式应用提供详细的投资信息和在线服务；广播媒体可以通过电台广告和节目赞助形式深度解析品牌；印刷媒体可以通过杂志广告和宣传册等形式在商业、文化等领域进行有针对性的宣传。

第五节　品牌活动与赞助

一、活动策划与品牌目标的一致性

品牌活动策划与品牌目标的一致性是建立和维护企业强大市场地位的关键要素。品牌活动不仅仅是一次性的推广活动，更是企业与消费者互动的重要媒介。以下将深入探讨为什么品牌活动需要与品牌目标保持一致，并提供一些建议来确保这种一致性，以推动企业长期的品牌成功历程。

（一）品牌活动与品牌目标的紧密联系

首先，我们需要明确什么是品牌目标。品牌目标通常是企业在市场中所追求的长期目标和愿景。这可能包括提升品牌知名度、塑造积极的品牌形象、增加市场份额等。品牌目标是企业前进的方向盘，指引企业在竞争激烈的市场中能够取得成功。

品牌活动是为了实现特定目标而规划和执行的一系列活动。这些活动可以包括线上线下的推广、赞助活动、社交媒体宣传等。品牌活动是企业与消费者直接互动的桥梁，通过这些活动，企业能够传递特定的信息、情感和价值观。

品牌活动与品牌目标之间的一致性至关重要。一致性确保企业在不同的市场活动中呈现一致的形象和信息，避免了混乱和矛盾。如果品牌活动与品牌目标不一致，可能导致消费者对品牌的困惑，降低品牌的可信度和忠诚度。

（二）确保一致性的关键步骤

要确保品牌活动与品牌目标一致，首先需要制定清晰而具体的品牌目标。这些目标应该是可衡量的，以便在活动执行过程中进行评估。例如，如果品牌目标是提高市场份额，那么相应的活动应该以增加销售量和吸引新客户为重点。

每个品牌活动都应该有明确的定位，与品牌目标相契合。不同的活动可能需要服务于不同的品牌目标，因此在策划阶段就需要确定每个活动的定位和目的。这有助于确保各项活动在整体上形成一张完整的品牌画面。

品牌一致性不仅仅体现在目标和活动的匹配上，还需要在视觉和语言风格上保持一致。

这包括品牌标识、色彩搭配、字体选择，以及使用的语言和口吻。无论是线上推广还是线下活动，都应该在视觉和语言上传递相同的品牌形象。

品牌活动策划与品牌目标的一致性是企业成功的关键之一。通过确保活动与品牌目标保持紧密一致，企业能够在市场中建立强大的品牌形象，提高品牌认知度和忠诚度。制定清晰的品牌目标、明确定位品牌活动，以及保持一致的视觉和语言风格，都是确保一致性的关键步骤。

二、赞助活动对品牌形象的影响

品牌赞助活动是企业在市场推广中常用的一种手段，通过支持特定活动或项目，企业能够在目标受众中建立起更为积极的形象。以下将深入探讨赞助活动对品牌形象的影响，不仅从正面效果方面进行分析，还会涉及可能出现的负面影响，并提供一些建议，以帮助企业更好地利用赞助活动来塑造品牌形象。

（一）赞助活动的内涵

赞助活动是企业与社会、文化和体育等领域进行合作的一种方式。通过赞助，企业能够将品牌与受众关心的领域联系起来，从而在市场中建立更为正面的形象。然而，要想确保赞助活动对品牌形象的影响是积极的，企业需要认真策划、理解目标受众，并注意可能出现的挑战。

（二）赞助活动的正面影响

通过赞助活动，企业的品牌可以在活动现场、媒体报道以及社交媒体上得到广泛曝光。这种曝光度有助于提高品牌知名度，使更多的人熟悉和记住品牌，从而为企业吸引潜在客户打下坚实的基础。选择合适的赞助活动可以帮助企业在受众心目中建立积极的品牌关联价值。例如，在文化活动中赞助艺术展览可以传递品牌对艺术和文化的支持，从而赋予品牌更为正面的形象。这种关联价值有助于建立品牌的独特性和个性。

通过赞助社会责任活动或公益项目，企业能够向受众传递对社会的关心和承担责任的形象。这种积极的社会影响有助于提升品牌的信任度，使消费者更愿意选择与品牌相关的产品或服务。

（三）赞助活动可能带来的负面影响

选择不当的赞助活动可能导致品牌与活动内容不匹配，从而可能引起负面印象。例如，如果一个健康食品品牌赞助了与健康不相关的活动，可能会导致消费者对品牌的困扰和疑虑。即使选择了合适的赞助活动，如果在活动执行过程中出现问题，也可能对品牌形象造成负面影响[1]。例如，不善处理与赞助活动相关的问题，或者在活动中出现不合适的行为，都可能损害品牌的声誉。

---

[1] 汪明亮.媒体对定罪量刑活动可能带来负面影响的作用机制[J].现代法学杂志，2006（6）：172-179.

有时，赞助活动可能因为过度商业化而引起受众的反感。如果品牌在活动中过于强调商业目的而忽视活动的本质，可能导致受众对品牌的负面看法。

（四）最佳实践和建议

在选择赞助活动时，企业应该深入了解目标受众的兴趣和价值观。这有助于确保选择的活动与受众的期望和需求相符，避免不必要的负面影响。在赞助活动执行过程中，建立透明的沟通机制非常重要。及时解决可能出现的问题，积极沟通品牌的立场和价值观，以避免负面信息在公众中扩散。

为了确保品牌形象的一致性，企业应该选择与品牌核心价值相关的活动。这有助于建立品牌与活动之间的自然联系，提高受众对品牌的认同感。

赞助活动对品牌形象的影响是复杂而多层次的。在积极的一面，赞助活动可以提升品牌曝光度、建立品牌关联价值，以及增强品牌信任度。然而，企业也需要警惕可能出现的负面影响，如不当关联、活动执行不善以及过度商业化。通过深入了解目标受众、建立透明沟通机制，以及选择与品牌核心价值相关的活动，企业可以更好地利用赞助活动来塑造积极的品牌形象。在竞争激烈的市场中，品牌形象的塑造不仅仅是营销的一部分，更是企业长期成功的关键因素之一。

第五章　品牌体验设计

第一节　品牌体验的概念与特征

一、品牌体验定义与要素

品牌体验是指消费者在品牌接触、互动和使用过程中所感知到的整体感觉和印象。它不仅仅是产品或服务的质量，更包括与品牌相关的情感、认知和行为。品牌体验的优异表现可以在消费者心中建立积极、深刻的品牌印象，形成品牌忠诚度，促使消费者成为品牌的支持者和推广者。

（一）品牌体验的定义

品牌体验是一种独特而全面的感知，是消费者通过与品牌进行接触、互动和使用时产生的情感、认知和行为的总和。品牌体验不仅仅局限于购买产品或享受服务的瞬间，更是一个延续性的过程，涉及从品牌的初次接触到长期使用的整个过程。它包括了消费者对品牌的感知、对品牌的有关情感连接，以及品牌对消费者的影响。

品牌体验是由品牌塑造、消费者期望和实际体验相互作用的结果。一个成功的品牌体验能够在消费者心中留下深刻的印象，使他们对品牌产生积极的情感，形成品牌忠诚度，从而影响购买决策和口碑传播。

（二）构成品牌体验的关键要素

品牌体验的首要要素是品牌本身的塑造。品牌塑造包括品牌的定位、价值观、文化以及品牌形象的塑造。一个清晰而一致的品牌形象有助于消费者更好地理解品牌，建立对品牌的信任感。品牌塑造涉及品牌的视觉识别、语言风格、品牌故事等多个方面，这些元素共同构建了品牌的个性和特色。

消费者期望是品牌体验的另一要素。消费者对品牌的期望形成于品牌传递的信息、市场宣传以及其他消费者的口碑传播。品牌需要了解并满足消费者的期望，同时在体验中超越这些期望，创造出令人惊喜的体验。理解消费者的需求、价值观和生活方式，有助于品牌能更准确地设计和提供符合期望的体验。

实际体验是品牌体验的核心。它包括了消费者在与产品、服务或品牌其他元素互动的过程中所感受到的实际体验。这一过程中的每一个接触点都能影响品牌在消费者心中的形象。实际体验可能会包括购买流程、产品质量、客户服务、售后支持等方面。一个令人满意、顺畅的实际体验有助于建立积极的品牌印象。

品牌体验不仅仅是一种理性的认知，更是一种情感的连接。品牌需要通过情感共鸣来与消费者建立深层次的联系。情感连接涉及品牌与消费者之间的情感共鸣、情感体验以及情感传递。品牌可以通过情感化的营销、品牌故事讲述、符合消费者情感需求的产品设计等方式，建立起与消费者之间真挚而深刻的情感连接。这种情感连接能够加强品牌的吸引力，使消费者更愿意与品牌产生长期的情感互动。

用户参与是品牌体验中的互动要素。现代消费者更加追求参与感和个性化体验。品牌可以通过各种方式引导和鼓励用户参与，例如用户生成的内容（UGC）、品牌活动的参与度、社交媒体上的互动等。用户参与不仅能够提升用户体验的趣味性，还能够增加用户对品牌的黏性和忠诚度。

品牌共同体是一群有着共同兴趣、价值观和体验的消费者组成的社群。在品牌共同体中，消费者能够分享彼此的体验、交流品牌相关话题，并共同建构品牌拥有的社会身份。品牌共同体的形成有助于建立更加深厚的品牌关系，增强品牌的社会认同感。

持续改进是品牌体验的动态要素。品牌需要不断地关注消费者的反馈、市场变化和竞争状况，及时调整和改进品牌体验。持续改进的过程包括对产品、服务、沟通方式等多个方面的不断优化，以确保品牌体验能够保持与时俱进，满足消费者不断变化的需求。

（三）品牌体验的重要性

品牌体验直接关系到消费者对品牌的忠诚度。一个积极、愉悦的品牌体验能够使消费者对品牌产生良好的印象，建立起对品牌的信任感，从而形成品牌忠诚度。忠诚的消费者更愿意选择品牌的产品或服务，而且更有可能成为品牌的忠实支持者[1]。

消费者在购买决策过程中，品牌体验是一个重要的决策因素。一个正面的品牌体验能够影响消费者的购买决策，使其更倾向于选择有良好体验的品牌。相反，负面的品牌体验可能导致消费者放弃购买或选择其他竞争品牌。品牌体验直接关系到口碑传播和品牌推广。一个愉悦的品牌体验会激发消费者积极的口碑传播，他们更能愿意分享自己的好体验，推荐给身边的朋友和亲戚。良好的口碑传播是一种强大的品牌推广方式，能够迅速传播品牌的正面形象。

品牌体验是品牌形象塑造的重要手段。通过创造积极的品牌体验，品牌能够在消费者心中树立良好的形象。品牌形象的建设需要品牌在各个互动点上保持一致、积极的体验，形成品牌的独特个性和价值。

在竞争激烈的市场中，品牌体验成为品牌提高竞争力的重要因素。一个能够给予消费者愉悦感、满足感的品牌体验能够使品牌在众多竞争对手中脱颖而出。通过不断提升品牌体验，品牌则能够吸引更多消费者，实现市场份额的提升。

---

① 卢泰宏.品牌思想简史[M].北京：机械工业出版社，2020：88.

（四）品牌体验的创造和管理

1. 创造品牌体验的步骤

在创造品牌体验之前，品牌需要深入了解目标受众。通过市场研究、用户调研等手段，了解目标受众的需求、喜好、价值观，为后续的体验创造提供指导。品牌定位是品牌体验创造的基础。明确品牌的核心定位，其中包括品牌的使命、愿景、核心价值等，有助于为品牌体验提供明确的方向和内涵。

品牌体验需要在视觉和语言上保持一致性。通过设计统一的品牌标识、视觉元素和语言风格，品牌能够在不同的互动点上传递一致的形象和信息，加强品牌的整体感知。情感共鸣是品牌体验中的关键要素。通过品牌故事、情感化的营销手段，品牌能够触发消费者的情感共鸣，建立深厚的情感连接。这需要品牌真诚、有温度的表达，以引发消费者的共鸣和共感。

品牌体验的核心在于实际体验。品牌需要优化产品、服务、购物流程等方面，确保消费者在互动过程中能够获得愉悦、顺畅的体验。持续关注用户反馈，不断改进和优化实际体验。

用户参与是品牌体验中的互动要素。通过举办品牌活动、引导用户生成内容、提供个性化互动，品牌能够促进用户的参与度，加强用户与品牌之间的互动关系。品牌共同体的构建需要通过社交媒体、线下活动等方式，吸引有相似兴趣和价值观的消费者参与。建立一个有活力、互动性强的品牌共同体，有助于形成品牌社区，提升用户黏性。

2. 管理品牌体验的关键原则

品牌体验的一致性是管理的基础原则。在各个互动点上保持一致的品牌形象、语言风格、视觉识别，确保品牌在不同场景下传递一致的信息和印象。品牌体验的管理需要专注于用户。深入了解用户需求、期望，通过用户反馈、调研等手段，不断优化和改进品牌体验，以满足用户的期望和需求[①]。

品牌体验需要不断创新。市场和消费者需求在不断变化，品牌需要保持创新意识，及时调整和改进品牌体验，以适应快速变化的市场环境。建立有效的反馈循环是品牌体验管理的重要环节。及时获取用户的反馈，分析用户的体验，发现问题并对其进行改进，形成一个良性的反馈循环，有助于不断提升品牌体验水平。

品牌文化是品牌体验的灵魂。通过培养品牌文化，使品牌的使命、愿景、价值观深入人心，形成品牌内外一致的文化氛围，有助于提升品牌体验的深度和广度。

品牌体验是品牌与消费者之间建立深厚关系的关键因素。它不仅仅是一次购物或服务过程的体验，更是一个全面、长期的情感连接。通过品牌体验，消费者能够建立对品牌的信任感、情感连接，从而形成品牌忠诚度。创造和管理品牌体验需要品牌注重用户需求、保持一致性、持续创新，并建立有效的反馈循环。品牌体验的成功不仅能够提高品牌竞争力，还能够在市场中占据更有利的地位，赢得消费者的青睐和帮助口碑传播。

---

①　姚琦.品牌体验对消费者—品牌关系的影响研究 [M].成都：四川大学出版社，2022：133.

二、自由贸易港品牌体验的重要性

自由贸易港作为全球贸易的重要组成部分，其经济特区的发展对于国家和地区的经济繁荣具有重要意义。在自由贸易港的建设和运营过程中，品牌体验成为至关重要的一环。

（一）自由贸易港的背景和发展

自由贸易港是指在国家或地区内设立的经济特区，通过在特定区域内实施更加宽松的贸易和投资政策，吸引国内外企业在这一区域内进行生产、贸易和投资活动。自由贸易港通常享有更低的税率、简化的行政程序以及更自由的资本流动。

随着全球化的推进和经济竞争的加剧，越来越多的国家和地区开始重视自由贸易港的建设。自由贸易港通过提供更加便利和灵活的经济环境，吸引了大量企业入驻其中，推动了当地和全球经济的发展。

自由贸易港的建设对于经济的促进有着显著的影响。它可以带动就业增长、吸引外资、提高区域的生产效率和贸易活动。在自由贸易港内，企业可以更灵活地开展业务活动，享受更多的经济优惠，这为其提供了更大的发展空间。

（二）品牌体验在自由贸易港中的作用

1. 品牌体验的定义

品牌体验是指消费者在与品牌互动的过程中所感知到的整体感觉和印象。它包括消费者在购物、使用产品或享受服务的全过程中所产生的情感、认知和行为。品牌体验不仅仅关乎产品或服务的质量，更注重在互动过程中给予消费者的愉悦感和印象[①]。

2. 自由贸易港中品牌体验的重要性

自由贸易港作为国际贸易的重要节点，其品牌体验直接关系到吸引国际投资的能力。一个具有良好品牌体验的自由贸易港能够给予国际投资者更多的信心，使其更愿意在这一地区进行相关投资。品牌体验的积极形象有助于树立自由贸易港的国际形象，为其吸引更多国际资本提供有利条件。

品牌体验在自由贸易港中还直接影响着国际贸易的发展。一个良好的品牌体验能够吸引更多国际企业选择在自由贸易港开展业务，促进更多的贸易活动。消费者对于自由贸易港品牌的信任和认可将推动跨国企业在这一地区的交流与合作，进一步拓展自由贸易港的国际贸易网络。

自由贸易港作为国家经济的窗口，其品牌体验直接影响到国家形象的塑造。一个成功的自由贸易港品牌体验有助于树立国家的良好形象，为国家提供更积极、开放、创新的外部形象。这种积极的形象将进一步推动国家的国际声望，为国际交往提供更有利的条件。

一个具有良好品牌体验的自由贸易港不仅能够吸引国际企业，还能够吸引到国际人才。国际人才在选择工作和生活的地方时，往往会考虑到整体的品牌体验，包括生活便利性、文化氛围、社会环境等因素。一个令人满意的自由贸易港品牌体验将成为吸引高素质人才

---

① 　赵蔚. 品牌策略与视觉设计 [M]. 上海：东华大学出版社，2019：63.

的一项重要优势，有助于推动当地的人才引进和留住。

（三）自由贸易港品牌体验的构建与优化

1.构建自由贸易港品牌体验的关键要素

在构建自由贸易港品牌体验时，明确品牌的定位是至关重要的。品牌定位需要充分考虑自由贸易港的地理位置、经济政策、产业结构等因素，确保品牌的形象与自由贸易港的战略定位一致。明确的品牌定位有助于为品牌体验提供明确的方向和内涵，使其能够更好地服务于自由贸易港的整体发展。

自由贸易港需要通过独特而有吸引力的品牌形象来脱颖而出。这涉及品牌的视觉识别、品牌语言、品牌故事等方面。一个独特的品牌形象能够在国际舞台上引起关注，成为自由贸易港在全球贸易中的独特标识。

自由贸易港的品牌体验关键之一是提供便捷高效的贸易服务。这包括简化的行政程序、高效的通关流程、便捷的物流服务等。确保贸易在自由贸易港内的进行能够更加顺畅，为企业提供更为高效的业务环境，从而为品牌体验打下坚实基础。国际化的商业氛围是自由贸易港品牌体验的重要组成部分。这需要吸引来自不同国家和地区的企业、投资者、专业人才等，在自由贸易港内形成多元化、开放的商业环境。这样的国际化氛围有助于培育创新、推动经济发展，同时也为品牌体验提供了更多元化的元素。

自由贸易港的品牌体验需要通过国际合作与交流来不断拓展其影响力。积极参与国际贸易展会、高层对话、文化交流等活动，加强与其他自由贸易港以及国际组织的合作，为品牌体验注入更多国际元素，提升其在全球范围内的知名度。

2.优化自由贸易港品牌体验的管理原则

品牌体验的管理需要持续改进。通过不断关注用户反馈、市场变化、国际经济形势等因素，及时调整和优化品牌体验。持续改进有助于适应快速变化的环境，确保自由贸易港的品牌体验始终保持与时俱进。

建立有效的反馈机制是品牌体验管理的重要环节。与企业、投资者、居民等相关方建立畅通的沟通渠道，收集并及时处理用户反馈情况。这有助于发现潜在问题、改进服务，增强品牌与用户之间的互动。品牌文化的传播是品牌体验管理的关键。通过品牌故事、品牌活动、媒体传播等方式，向国内外传递自由贸易港的品牌文化。品牌文化的传播有助于在国际上树立自由贸易港的形象，增强品牌的国际知名度。

自由贸易港需要建设专业的品牌体验管理团队。这个团队应该具备国际化的视野、专业的品牌管理经验，能够深入理解自由贸易港的战略定位和发展需求。一个专业的团队能够更好地推动品牌体验的建设与管理。自由贸易港品牌体验的管理应注重社会责任与可持续发展。通过参与社会公益活动、环保倡议、社会责任项目等，展现自由贸易港对社会的关注和承担。这有助于形成正面的品牌形象，提升品牌的社会认同度。

自由贸易港品牌体验的重要性不仅仅在于提升其在国际贸易中的竞争力，更关系到国家和地区的整体经济发展。一个成功的品牌体验将在全球范围内树立自由贸易港的形象，吸引更多国际投资和企业入驻，推动国际贸易的繁荣。在构建和优化自由贸易港品牌体验时，需要注重品牌定位、国际化氛围、便捷服务等关键要素，并通过持续改进、反馈机制、专业团队建设等管理原则，实现品牌体验的可持续发展。通过这些努力，自由贸易港将在全球舞台上占据更加显著的地位，为国家和地区的经济繁荣做出更大的贡献。

自由贸易港品牌体验的成功构建与优化需要在整个发展过程中注重战略规划、创新思维和持续管理。同时，不同国家和地区的自由贸易港可能会面临不同的挑战和机遇，因此需要根据实际情况去制定相应的品牌体验策略。

在全球贸易竞争激烈的背景下，自由贸易港通过塑造积极的品牌形象、提供卓越的服务体验，能够在国际贸易中脱颖而出，吸引更多的国际企业和投资者，推动经济的发展。同时，良好的品牌体验也将为自由贸易港赢得国际认可，增强其在全球贸易体系中的话语权和影响力。

总体而言，自由贸易港品牌体验的重要性体现在各个方面，包括吸引投资、促进贸易、树立形象、吸引人才等。通过科学合理的品牌体验建设和持续的品牌管理，自由贸易港可以在全球舞台上展现其独特魅力，为国家和地区的经济繁荣做出更大的贡献。

第二节　自由贸易港的品牌体验要素

一、空间设计对品牌体验的影响

在商业环境中，品牌体验是品牌成功的关键要素之一。而空间设计作为构建品牌体验的重要手段之一，在传达品牌形象、吸引目标群体、提升用户感知方面发挥着重要的作用。

（一）空间设计与品牌体验的关系

空间设计是对物理空间进行有目的地规划和设计，以满足特定需求和达到预期效果的过程。它不仅仅关乎空间的布局和美感，更包括对空间功能、氛围、情感的深度考量。在商业环境中，空间设计成为一个综合性的概念，旨在通过设计手段创造出与品牌理念一致、能够激发消费者情感共鸣的环境。

品牌体验是指消费者在与品牌互动的全过程中所感知到的整体感觉和印象。而空间设计作为品牌的实体表现，会直接影响着消费者在品牌空间中的感知和体验。通过创造独特的空间氛围、突出品牌特色的设计元素，空间设计可以深刻地塑造品牌形象，为消费者提供独特的体验。

（二）空间设计对品牌形象的塑造

空间设计通过视觉元素的巧妙运用，能够强化品牌的视觉识别和标识。这其中包括品牌的logo、颜色、字体等元素在空间中的巧妙融合，使得消费者能够在品牌空间中迅速辨认出品牌身份。例如，苹果零售店的空间设计中充分运用了苹果的标志性白色和玻璃元素，使其与品牌形象高度一致。

空间设计是品牌故事的有力呈现者。通过在空间中融入品牌的历史、文化、价值观等元素，设计可以引导消费者深入了解品牌的故事，从而加深对品牌的认知和情感连接。例如，星巴克咖啡店通过在店内展示咖啡豆的烘焙过程、与咖啡产地相关的装饰，成功地营造了一个浓厚的品牌故事氛围。

空间设计可以通过独特的设计元素，突出品牌的独特特色。无论是在室内装饰、陈列方式，还是在空间布局上，设计都可以通过其独到的手法展示品牌的个性。例如，NIKE的零售店通常以运动场馆为设计灵感，强调品牌的活力、运动精神，突出其在运动领域的独特地位。

（三）空间设计对消费者情感的影响

空间设计有助于引发消费者的情感共鸣。通过创造愉悦、舒适、具有情感共鸣的空间环境，设计可以使消费者更加亲近品牌，建立更加深厚的情感连接。例如，迪士尼主题公园通过色彩、音乐、布景等方面的设计，成功地营造了一种童话般的梦幻氛围，引发了游客强烈的情感体验。

空间设计能够在空间中注入品牌所希望传达的情感体验。通过调整光线、音响、温度等环境要素，设计可以影响消费者的情感状态，使其更加投入品牌的世界。例如，一些高端品牌的零售店通常通过精心设计的灯光和音乐，营造出优雅、奢华的氛围，提升消费者对品牌的情感体验。

空间设计通过创造与品牌共鸣的共享体验，使得消费者更愿意分享与他人。在社交媒体时代，消费者对于在独特、美好的品牌空间中拍照分享的热情将愈发高涨。这种社交媒体上的分享不仅是对品牌的免费宣传，更是构建品牌社群和口碑传播的有效手段。通过吸引消费者在空间中产生分享欲望，品牌可以借助社交媒体扩大影响，形成更广泛的品牌曝光。

（四）空间设计对消费者行为的引导

空间设计可以精心规划购物路径，引导消费者在品牌空间中能够有序而愉悦地进行购物体验。通过设置吸引人的陈列、合理的产品布局，设计可以引导消费者沿着既定的路径流畅地浏览产品，提高其对品牌产品的关注度和购物体验。

空间设计可以创造出具有互动性的体验。通过引入虚拟现实、增强现实技术，或设计一些趣味性的互动元素，品牌可以激发消费者的参与欲望，使其更加深度地参与到品牌体验中。例如，一些零售店采用虚拟试衣间技术，让消费者可以在虚拟空间中试穿不同款式的衣物，提升购物的趣味性。

空间设计有助于个性化的消费体验。通过考虑不同消费者的需求和偏好，在空间中设置个性化的区域或服务，使每位消费者都能够找到符合其个性的购物体验。例如，一些品牌零售店通过引入智能化系统，根据消费者的购物历史和偏好推荐个性化的产品，提高消费者的购物满意度。

（五）空间设计的挑战与应对策略

消费者个性化需求的多样性是空间设计所面临的挑战之一。不同消费者有不同的喜好和行为习惯，如何在有限的空间中满足多样性的需求，需要设计师深入了解目标受众，采用灵活多样的设计手法。

随着科技的发展，空间设计中引入新技术的需求增加。然而，过度依赖技术应用也可能导致空间冷漠、失去人性化。在设计中需要平衡技术应用与人性化设计，确保技术能够服务于消费者体验，而非成为短板。品牌竞争激烈，消费者对新奇和创新的追求也在不断提升。因此，空间设计需要不断创新，不仅在设计理念上进行更新，还要关注新材料、新技术的应用，以保持品牌在市场中的活力。

空间设计作为品牌体验的关键组成部分，通过对品牌形象、消费者情感、购物行为的引导，对品牌产生着深远的影响。一个成功的空间设计能够使消费者在品牌空间中感受到愉悦、舒适、有趣的体验，形成对品牌的积极印象，甚至激发消费者的忠诚度。然而，空间设计也面临着多样化需求、技术平衡、创新压力等挑战，需要设计师在不断实践中寻找最佳的解决方案。通过精心设计空间，品牌可以在激烈的市场竞争中脱颖而出，赢得消费者的心。

二、顾客服务与品牌印象的关系

在竞争激烈的商业环境中，顾客服务不仅是品牌成功的关键要素，更可以直接影响着顾客对品牌的印象和忠诚度。优质的顾客服务可以创造出积极的品牌印象，促使顾客对品牌产生正面的感知和评价。

（一）顾客服务的重要性

顾客服务是企业为顾客提供的一系列支持和帮助，旨在满足顾客的需求、解决问题，并创造积极的购物体验。顾客服务不仅包括对产品或服务的具体支持，还涉及与顾客的互动、沟通和关系管理。

优质的顾客服务可以塑造积极的品牌形象。当顾客感受到关怀、专业和高效的服务时，他们更容易对品牌产生积极的认知行为，形成正面的品牌形象。

通过提供良好的顾客服务，企业可以有效提升顾客的满意度。满意的顾客更有可能成为品牌的忠诚客户，同时愿意向他人推荐品牌，从而形成良好的口碑传播。

优质的顾客服务可以成为企业在竞争中的差异化因素。在同类产品或服务之间，提供更好的顾客体验将使品牌在市场上脱颖而出，具备竞争优势。

（二）品牌印象的构建

品牌印象是消费者对于品牌的总体感知和评价，包括品牌的形象、声誉、信任度等方面。品牌印象是在顾客的心智中建立起来的一种综合性认知，直接影响着顾客的购买行为和忠诚度。

品牌的标志、颜色、包装等视觉元素直接影响消费者对品牌的第一印象。品牌的声誉和口碑是构建品牌印象的关键因素，消费者更倾向于信任具有良好声誉的品牌。

品牌故事能够激发消费者的情感共鸣，增强品牌的亲和力，从而影响品牌印象。消费者在购买和使用产品或服务时的体验直接塑造品牌印象，其中顾客服务是关键的消费体验因素之一。

（三）顾客服务对品牌印象的影响

顾客服务中员工的态度直接影响着顾客对品牌的印象。友好、专业的服务态度能够为品牌赢得顾客的好感，形成积极印象。顾客服务的质量在于解决问题的能力。当顾客在购买或使用过程中遇到问题时，如果得到及时、有效的解决，将为品牌树立一个贴心、可信赖的形象。

通过提供可靠、贴心的顾客服务，品牌可以建立起与顾客之间的信任关系。信任是积极品牌印象的重要组成部分。优质的顾客服务有助于强化品牌形象。当顾客在购物体验中感受到品牌关心、专业的服务时，他们更容易对品牌形成积极的认知。

顾客服务直接关系到口碑的传播。满意的顾客更有可能在社交媒体、朋友圈等平台上分享他们自身的购物体验，从而形成良好的口碑。口碑传播有助于扩大品牌影响力，吸引更多潜在顾客。

逆向思维地，顾客服务也是预防负面口碑的关键因素。当顾客在购物过程中遇到问题得不到妥善解决，可能会产生不满情绪，进而在社交媒体上发表负面评论，对品牌形象造成负面影响。通过优质的顾客服务，可以有效预防负面口碑的产生。

（四）品牌印象对顾客服务的反馈作用

品牌印象通过品牌形象、宣传等手段，塑造了顾客对品牌的期望。例如，一个注重服务品质和顾客关系的品牌，在顾客心中形成了对于优质服务的期望。顾客在购物时期望获得与品牌印象一致的服务体验。如果品牌印象强调了专业、友好的服务，而实际服务与之不符，可能会引起顾客的失望和不满。

良好的品牌印象有助于提升顾客的忠诚度。当顾客对品牌有积极的印象时，他们更倾向于成为品牌的忠实顾客，持续购买该品牌的产品或服务。品牌印象积极的顾客更有可能提供积极的反馈和建议。他们可能在品牌的社交媒体上分享良好的购物体验，向品牌提供宝贵的建议，有助于品牌持续改进和创新。

良好的品牌印象可以提高顾客对服务的期望标准。品牌形象中强调的优质服务、关怀服务等因素，使得顾客对服务有了更高的期望，从而激励品牌提供更好的顾客服务。品牌印象通过讲述品牌故事、传达品牌理念，与顾客产生共鸣。当顾客在购物过程中感受到与品牌印象一致的服务时，会增强顾客的品牌共鸣体验，加深对品牌的认同感。

（五）顾客服务与品牌印象的管理原则

确保品牌印象在内外一致，即员工对品牌的理解与外部传播的品牌形象保持一致。员工的行为、言行举止应符合品牌所倡导的形象和价值观。制定明确的服务标准，确保在不同时间、不同场合，顾客都能够得到一致的高质量服务体验。这就需要培训员工，使其能够理解并贯彻品牌的服务理念^①。

建立顾客反馈机制，鼓励顾客分享他们的购物体验，包括对服务的评价和建议。这有助于及时发现问题，并作出改进。对于顾客的反馈，及时给予回应并采取措施。快速响应表明品牌关注顾客的声音，能够在顾客产生不满时化解潜在的负面影响。

为员工提供专业的培训，使其具备优质服务的技能和意识。同时，为其提供发展机会，激发员工对服务的热情和责任心。持续创新服务体验，根据市场变化和顾客需求调整服务策略。不断推陈出新，使品牌服务始终具备竞争力。

顾客服务与品牌印象之间存在着密不可分的关系。优质的顾客服务有助于构建积极的品牌印象，而积极的品牌印象又会反过来会影响顾客服务的期望和评价。通过一致性管理、及时反馈与改进以及持续提升服务水平，品牌可以在竞争激烈的市场中取得优势，赢得顾客的信任和忠诚度。

在现代商业环境中，顾客服务和品牌印象的关系越发重要，因为消费者不仅关注产品或服务的质量，同时也注重整体的购物体验和与品牌建立的情感连接。品牌在顾客服务方面的表现直接影响着品牌印象，而品牌印象的塑造则需要品牌在各个方面保持一致性，从而形成品牌的独特魅力。

在未来，随着科技的发展和消费者行为的变化，顾客服务和品牌印象的管理将更加复杂而挑战性。品牌需要不断适应新的技术趋势，借助数据分析和人工智能等工具来更好地了解顾客需求，并提供个性化、高度定制的服务。同时，品牌也需要注重社交媒体等渠道上的口碑传播，积极参与和回应顾客的互动，以更好地维护品牌形象。

总体而言，顾客服务和品牌印象的关系是品牌成功的关键之一。通过精心管理和持续改进顾客服务，品牌可以塑造积极的品牌印象，与顾客建立强大的连接，进而取得竞争优势，实现业务的可持续发展。

第三节　品牌环境与空间设计

一、品牌环境设计的战略意义

在当今竞争激烈的商业环境中，品牌环境设计成为品牌战略中不可或缺的一环。品牌环境设计不仅仅是商店、办公室或展览馆的布局和装饰，更是一种通过空间、色彩、声音等元素来传达出品牌价值和形象的策略性手段。

（一）品牌环境设计的定义与范围

品牌环境设计是一种通过创造和塑造物理或虚拟空间来表达品牌个性和价值观的设计

---

① 李左峰.品牌管理 [M].北京：中国经济出版社，2014：127.

过程。它包括了建筑、装饰、灯光、音乐、氛围等元素的有机组合，旨在为消费者提供独特、一致且令人难忘的品牌体验。

品牌环境设计的范围涵盖了多个领域，包括但不限于以下内容。商店、专卖店或商场的空间设计，旨在吸引顾客、展示产品，并传递品牌形象。公司办公室、总部等工作空间的设计，影响员工工作氛围，同时向访客展示企业文化。参展展览、品牌活动或赞助活动的设计，通过展示空间来吸引目标受众并传递品牌信息。品牌在数字平台上的设计，包括网站、应用程序等，以确保在线体验与实体环境一致。

（二）品牌环境设计的战略意义

品牌环境设计通过在物理或虚拟空间中巧妙融入品牌的标志、颜色、字体等元素，强化品牌的视觉识别，使消费者能够迅速辨认出品牌。品牌环境设计是品牌故事的有力呈现者。通过在空间中融入品牌的历史、文化、价值观等元素，设计可以引导消费者深入了解品牌的故事，从而加深对品牌的认知和情感连接。

通过独特的空间设计，品牌可以在消费者心中引发情感共鸣。愉悦、舒适、有趣的空间环境有助于构建积极的品牌情感体验，使消费者能够更加亲近品牌。品牌环境设计可以创造出具有互动性的体验。通过引入虚拟现实、增强现实技术，或设计一些趣味性的互动元素，品牌可以激发消费者的参与欲望，使其更加深度地参与到品牌体验中。这种互动性不仅提高了消费者的参与感，还增强了品牌的记忆点，使消费者更容易记住和回顾品牌体验。

在零售空间中，品牌环境设计可以精心规划购物路径，引导消费者在品牌空间中有序而愉悦地进行购物体验。通过设置吸引人的陈列、合理的产品布局，设计可以引导消费者沿着既定的路径流畅地浏览产品，提高其对品牌产品的关注度和购物体验。

通过独特而创新的品牌环境设计，品牌可以创造出与竞争对手不同的独特卖点。这使得消费者在选择时更容易记住品牌，增加品牌的吸引力。品牌环境设计是表达品牌个性的有力工具。通过在空间中呈现出品牌的独特风格、文化和价值观，品牌可以塑造自己的个性，从而在激烈的市场竞争中脱颖而出。

通过品牌环境设计，品牌可以在消费者心中建立起品牌认同感。当消费者在品牌空间中感受到与品牌价值观一致的设计元素时，他们更容易建立起对品牌的信任感和认同感，从而提高品牌忠诚度。通过创造具有吸引力的品牌环境，品牌可以吸引更多的消费者加入品牌社群。这种社群感使得消费者不仅仅是品牌的顾客，更成为品牌的忠实支持者，愿意分享品牌体验，形成口碑传播。

品牌环境设计可以直接反映品牌的定位策略。无论是高端奢华还是平民实惠，品牌环境设计都应与品牌定位保持一致，以确保品牌形象的统一性。随着品牌战略的调整，品牌环境设计可以灵活演绎品牌的新策略。它是传达品牌新方向、新理念的有效媒介，能够让消费者感受到品牌的更新与创新。

（三）品牌环境设计的挑战与应对策略

鉴于消费者的多样性，品牌环境设计需要更注重个性化。通过采用可调整的设计元素，使得消费者可以在品牌环境中找到与自己个性相符的体验。运用数据分析技术，了解消费者的偏好和行为，从而为其提供更个性化的品牌环境体验。个性化推荐可以在数字化环境设计中得以应用，为消费者提供定制化的在线体验。

技术在品牌环境设计中的应用是不可避免的趋势。然而，需要平衡科技应用与人性化设计，确保技术服务于提升消费者体验，而非取代人性化的因素。创新是品牌环境设计的关键，但并不意味着完全放弃传统。在设计中巧妙融合好创新元素与经典元素，使品牌环境更富有层次感与时代感。

为避免品牌环境设计陈旧，需要定期进行更新与改进。持续创新是面对市场变化和消费者需求的重要策略，保持品牌环境的新鲜感。在品牌环境设计中保持灵活性，能够及时应对市场变化。考虑到市场趋势和竞争动态，及时调整品牌环境设计策略，保持品牌的前瞻性。

品牌环境设计作为品牌战略的重要组成部分，具有深远的战略意义。通过创造独特的空间体验，品牌可以建立起与消费者之间深厚的情感连接，以提升品牌形象，从而在市场竞争中占据优势。其战略意义主要体现在品牌形象建设、消费者体验优化、竞争差异化和品牌忠诚度提升等方面。

随着社会的不断变迁和科技的飞速发展，品牌环境设计将继续面临新的挑战和机遇。个性化、数字化、可持续性等趋势将影响品牌环境设计的发展方向。因此，品牌需要灵活应对，不断创新，以适应不断变化的市场需求和消费者期望。

最终，品牌环境设计不仅仅是空间布局和装饰，更是品牌战略的有机组成部分。通过精心设计的品牌环境，品牌可以在消费者心中留下深刻的印象，形成独特的品牌体验，进而推动品牌的长期发展。在未来的竞争中，注重品牌环境设计的品牌将更有可能在消费者心中占据重要位置，实现品牌价值的最大化。

二、自由贸易港空间设计的创新要素

自由贸易港作为经济自由开放的特殊区域，在全球经济中扮演着重要角色。随着全球化的推进，自由贸易港的地位日益凸显出来，其空间设计的创新成为提升其竞争力的重要因素。

（一）数字化技术的应用

在自由贸易港空间设计中，智能化物流系统是一项关键的创新要素。通过应用物联网、人工智能等技术，建立高效智能的物流系统，实现货物的快速、准确、高效流通。这包括智能仓储管理、自动化搬运设备以及实时数据监控系统等，以提高货物的处理效率和降低物流成本。

数字化技术还支持自由贸易港的决策制定和管理。通过建立数据平台，汇总和分析各类信息，可以更好地理解港区运行状况、预测货物流量、优化资源配置。这样的数据驱动决策支持系统有助于港区管理者更科学地制定策略，提高运营效率。

引入无人化服务设施是数字化技术在自由贸易港空间设计中的又一创新要素。例如，通过自动售货机、智能导航系统和自助结算等技术，去提供更加便捷、高效的服务。这不仅提升了用户体验，也降低了运营成本。

（二）可持续发展考量

在自由贸易港的空间设计中，可持续发展的考量至关重要。采用绿色建筑理念，选择环保材料，设计能源高效的建筑结构，以降低对自然资源的消耗和减少对环境的负担。此外，可再生能源的利用也是一个关键的创新要素，例如太阳能、风能等，以确保自由贸易港的可持续发展。

引入智能能源管理系统，通过实时监控能源消耗、优化能源利用，实现能源的智能调配。这包括智能照明系统、智能空调系统等，以提高能源利用效率，降低港区运营的碳足迹。

创新的自由贸易港空间设计应当考虑环境友好的交通系统。推动绿色出行方式，例如电动车辆、共享交通工具，并建设好便捷的步行和自行车道。这有助于降低交通拥堵，减少空气污染，同时提升港区的整体可持续性。

（三）多功能性设计

自由贸易港的空间设计应具备灵活性，能够适应不同业务需求的变化。通过模块化设计和可调整的空间规划，实现不同功能区域的灵活切换，更好地满足多样化的业务需求。例如，可以通过可移动的隔断、灵活配置的仓储架等设计元素，使空间更具适应性和可变性。

创新的自由贸易港空间设计需要实现多层次的功能集成，使得同一空间可以同时满足多种需求。例如，在仓储区域设计中，可以兼顾货物存储、加工和分拣等多功能要素，提高空间的利用效率。多层次的功能集成有助于提升整体效益，避免资源浪费。

自由贸易港通常涉及多个行业和企业，为了促进合作与创新，办公空间的设计也需要具备多功能性。通过创造交叉合作的办公环境，例如共享办公空间、创新孵化器等，不同企业和团队可以在同一空间内进行互动与合作，促进信息流通和知识共享。

（四）文化与体验融合

自由贸易港作为国际交流的重要节点，其空间设计应融入丰富的文化元素，以反映地域特色和国际化氛围。这包括艺术装饰、文化展示区域、国际风格的建筑设计等。通过引入文化元素，不仅提升了港区的独特性，也为用户提供了极为丰富的文化体验。

自由贸易港的空间设计要注重用户体验，创新的体验设计是关键要素之一。这包括在空间中设置交互式展示、虚拟现实体验区域、主题活动等，使用户在港区中能够获得丰富而独特的体验。通过创新的体验设计，港区可以吸引更多的访客和企业，提升其吸引力。

为促进交流与合作，自由贸易港空间设计应包含多样化的社交与活动空间。例如，定期举办国际贸易论坛、创业沙龙等活动，为企业家、专业人士提供一个交流平台。此外，设计宽敞、舒适的社交区域，促进人际关系的建立。

（五）安全与智能化管理

安全是自由贸易港空间设计不可忽视的方面。引入先进的安全技术，例如智能监控系统、生物识别技术等，确保港区内的货物、信息和人员都得到有效的保护。智能安全技术的运用可以提高安全水平，而减少潜在的风险。智能化管理系统是自由贸易港空间设计中的重要创新要素。通过整合各种管理系统，如仓储管理系统、人员管理系统、设备监控系统等，实现对港区的全面智能化管理。这有助于提高管理效率、降低运营成本，并实现更高水平的数字化管理。

考虑到自由贸易港所处的复杂环境，风险预警与应急响应系统是必备的创新要素。通过引入智能感知技术、实时数据分析等手段，及时发现可能的风险，并建立应急响应系统，确保在突发事件发生时能够迅速、有序地做出反应。

（六）社会责任与公共服务

自由贸易港不仅仅是经济的交流中心，还应承担相应社会责任。在空间设计中，可以融入社会责任元素，例如建设社区服务中心、推动环保项目等。通过履行社会责任，自由贸易港成为社会可持续发展的推动者。

创新的自由贸易港空间设计应当充分考虑公共服务设施的布局。这包括医疗卫生服务、教育培训机构、文化娱乐场所等。为居住在港区的员工和居民提供便捷的公共服务，提升生活质量。

为促进创新与人才培养，自由贸易港空间设计中可以融入教育与培训中心的元素。建设专门的培训机构，提供行业相关的培训课程和工作坊，以满足企业和员工的学习需求。这有助于提升港区内人才的综合素质，推动产业发展和创新。

在自由贸易港空间设计中，社区参与及治理是创新的要素。建立有效的社区治理机制，鼓励居民和企业参与港区事务的决策和管理。这有助于建立更加和谐、稳定的社区环境，推动自由贸易港的可持续发展。

（七）国际化合作与对接

自由贸易港空间设计应当设立国际交流中心，作为国际商务活动的重要枢纽。该中心可以提供国际商务谈判的场所、国际展览和论坛的举办地，促进国际企业之间的交流与合作。随着电子商务的迅猛发展，自由贸易港可以通过建设跨境电商平台，促进国际贸易的便捷进行。提供集中的电商仓储、物流服务和电商交易平台，吸引全球企业在此开展跨境贸易。

在自由贸易港空间设计中，可以设立国际创新合作基地，吸引国际创新企业、科研机构在此设立研发中心。通过提供便利的科研环境和创新资源，去促进国际创新团队的合作与交流。

（八）法规合规与透明治理

自由贸易港作为特殊经济区域，其空间设计应当充分考虑法规合规体系。建立完善的法规体系，确保港区内的各项活动合乎法规规定，提高整体经营风险的可控性。创新的自由贸易港空间设计需要建立透明的治理机制，其中包括信息公开、决策透明等。透明治理有助于建立公平竞争的市场环境，提升企业和投资者的信任度。

引入智能合规监管是自由贸易港空间设计的又一创新要素。通过利用人工智能、大数据分析等技术，建立智能化的合规监管系统，实现对港区内各项活动的实时监测和合规评估，提高监管效能。

（九）未来展望与挑战

自由贸易港作为经济开放的试验区，其空间设计将继续朝着数字化、可持续发展、多功能性、社会责任等方向发展。随着科技的不断创新，自由贸易港有望成为全球贸易与创新的先行者，引领未来经济的发展。

在迎接未来的发展机遇的同时，自由贸易港空间设计面临着一些挑战。包括数字化技术的应用成本、可持续发展的平衡难题、多功能性设计的复杂性等。因此，需要在实践中不断总结经验，优化空间设计策略，应对挑战，确保自由贸易港持续稳健发展。

自由贸易港空间设计的创新要素涵盖了数字化技术、可持续发展、多功能性设计、文化与体验融合、安全与智能化管理、社会责任与公共服务、国际化合作与对接、法规合规与透明治理等多个方面。这些要素相互交织，共同构建了一个具有竞争力和可持续发展潜力的自由贸易港。随着全球经济的不断变化，自由贸易港空间设计将继续面临新的挑战和机遇，故而需要不断创新、适应市场需求，推动自由贸易港成为更具活力和影响力的国际经济枢纽。

第四节　服务设计与顾客互动

一、顾客服务的关键要素与标准

顾客服务是企业与顾客之间建立良好关系的关键环节，直接关系到企业的声誉和长期发展。为了提供卓越的顾客服务，企业需要明确关键要素，并建立相应的服务标准。

（一）顾客服务的关键要素

卓越的顾客服务要求企业在服务过程中展现出主动性，提前预判顾客可能的需求并主动提供帮助。主动性表现为主动问候、提供信息、解决问题等积极行为，让顾客感受到企业的关心和关注。及时响应是良好顾客服务的基本要素。无论是顾客的查询、投诉还是需求，企业都应该在最短时间内给予回应和解决方案。及时性反映了企业对顾客的重视程度，也影响着顾客的满意度和忠诚度。

顾客往往希望能够得到专业的建议和指导。企业的员工需要具备相关产品或服务的专业知识，能够及时并准确回答顾客的问题、提供专业的建议，增强顾客对企业的信任感。除了专业知识，员工的技能水平也是顾客服务的重要组成部分。良好的服务技能包括沟通能力、解决问题的能力、礼貌待客等，这些都直接关系到顾客的体验和感受。

每个顾客都是独特的，企业需要提供个性化的服务，根据顾客的需求和偏好进行定制。通过了解顾客的购买历史、偏好等信息，个性化服务能够提高顾客满意度，并增加再次购买的可能性。建立情感连接是保持顾客忠诚度的关键。员工需要展现出真诚、友好的态度，通过建立亲和力和共鸣，使顾客能够感受到更加亲密的关系。情感连接不仅体现在服务过程中，也包括在问题解决、投诉处理等方面的情感体验。

顾客希望能够通过多种渠道与企业进行沟通和交流，包括线上渠道（网站、社交媒体）和线下渠道（门店、电话）。企业需要提供多样化的沟通方式，以满足不同顾客的习惯和喜好。无缝体验要求企业在不同的服务渠道和场景中提供一致的服务体验。无论顾客去选择何种渠道，他们都期望能够获得相似的服务水平和品质，这需要企业进行良好的渠道整合和流程设计。

（二）建立顾客服务的标准

标准化的服务流程是确保顾客服务质量的基础。企业需要制定详细的服务流程标准，包括顾客接待、问题解决、售后服务等各个环节。标准化的服务流程有助于提高工作效率，减少服务差异性，确保每位顾客都能够获得一致的服务体验。

建立明确的服务指标和评估体系有助于量化顾客服务水平，为员工提供明确的工作目标。服务指标可以包括响应时间、问题解决率、顾客满意度等。企业可以通过定期的评估和考核，及时发现问题并对其进行改进。员工是顾客服务的关键执行者，因此企业需要通过培训和发展计划提高员工的服务水平。培训内容可以包括产品知识、服务技能、沟通技巧等。同时，制定员工发展计划，激励员工提升自身能力，为顾客提供更优质的服务。

建立客户反馈和持续改进机制是保持服务质量的有效途径。企业可以通过客户满意度调查、投诉处理等方式收集客户反馈，根据反馈结果进行改进。持续改进是顾客服务标准的重要内容，有助于适应市场变化和满足不断变化的顾客需求。

随着科技的发展，企业可以借助技术支持和数字化服务工具提升顾客服务水平。例如，建立在线客服系统、使用人工智能提供自动化服务、提供在线帮助中心等。这些工具能够提高服务效率、降低成本，并满足数字化时代顾客的有关期望。顾客服务标准中，安全和隐私保护是至关重要的要素。企业需要建立完善的信息安全措施，确保顾客的个人信息得到妥善保护。透明的隐私政策和合规性操作将增加顾客对企业的信任，对于建立长期关系至关重要。

顾客服务标准应具备创新性和不断优化的特征。企业需要鼓励员工提出创新性的服务理念，推动服务流程和方法的更新。同时，定期评估服务标准的有效性，根据市场变化和顾客反馈进行不断优化，以适应变化的商业环境。

（三）顾客服务标准的意义

良好的顾客服务标准有助于提升企业品牌形象和竞争力。当顾客在购物或服务过程中感受到高质量的服务，他们更愿意选择并推荐这个品牌。优秀的品牌形象是企业在市场中赢得竞争的有力武器。

通过建立明确的顾客服务标准，企业能够提供一致、可靠的服务体验，进而增加顾客的忠诚度。忠诚的顾客更有可能成为重复购买者，并愿意与企业建立更深层次的关系。忠诚顾客对企业的长期稳定发展至关重要。良好的顾客服务标准直接关系到顾客满意度的提升。满意的顾客更容易达成购买决策，且更愿意与企业保持良好关系。通过不断优化服务标准，企业能够更好地满足顾客的期望，提高顾客满意度。

建立明确的服务标准有助于企业更有效地解决问题和处理投诉。标准化的流程和评估体系能够帮助企业迅速定位问题根源，采取切实可行的解决方案，从而保持服务的连贯性和高效性。

良好的顾客服务标准有助于积累正面口碑和社交媒体影响力。顾客愿意分享优质的服务经验，积极的口碑和社交媒体评价将吸引更多潜在顾客的关注，为企业带来更多业务机会。

建立灵活的顾客服务标准使企业能够更好地适应市场变化和顾客需求的不断变化。在竞争激烈的市场中，企业需要灵活调整服务标准，以更好地满足不同时期、不同地区和不同群体顾客的需求。

综上所述，顾客服务的关键要素包括主动性和及时性、专业知识和技能、个性化服务和情感连接、渠道多样性和无缝体验等。为了保障服务质量，企业需要建立明确的顾客服务标准，包括标准化的服务流程、明确的服务指标和评估体系、员工培训和发展计划、客户反馈和持续改进机制等。这不仅有助于提升品牌形象和竞争力，还能增加顾客忠诚度、提高顾客满意度、有效解决问题和投诉，同时增加口碑和社交媒体影响力，更好地适应市场变化和顾客需求。在竞争激烈的商业环境中，建立卓越的顾客服务标准将成为企业取得成功的关键因素。

二、服务设计在自由贸易港的应用

自由贸易港作为推动经济开放和国际贸易的重要平台，其成功运作不仅依赖于先进的物流、法规体系，还需注重服务设计。服务设计是一种以用户为中心的方法，旨在创造出令用户满意且高效的服务体验。在自由贸易港的背景下，服务设计的应用可以优化业务流程、提高效率、增加吸引力，从而推动港区的可持续发展。

（一）服务设计概述

1.服务设计定义

服务设计是一种以用户为核心的设计方法，关注如何提供令用户满意的服务体验。它不仅仅关注产品的外观和功能，而且更注重整个服务过程中用户的感受和互动。服务设计通常包括对服务流程、用户接口、员工互动等方面的综合考虑，以创造出符合用户期望的服务。

2.服务设计原则

以用户的需求、期望和体验为核心，确保服务设计能够满足用户的实际需求。考虑服务全流程，包括前台和后台，确保整个服务系统协同工作。不断寻找创新点，通过新的方式和技术提升服务体验。考虑服务的可持续性，包括资源利用效率、环保等因素。

（二）自由贸易港的服务设计挑战

自由贸易港通常涉及多个国家和地区，涉及不同的文化和语言。服务设计需要考虑多元文化的融合，以及提供多语言的服务支持，确保所有用户都能得到适宜的服务体验。自由贸易港的业务涵盖物流、贸易、金融等多个领域，涉及复杂的业务流程。服务设计需要深入理解这些流程，找到优化点，提高业务效率。

自由贸易港的运作受到国际和国内的法规制约，服务设计需要考虑法规合规的问题，确保服务流程符合相关法规要求。自由贸易港可能涉及高价值货物的流通，安全与风险管理是关键问题。服务设计需要考虑安全性，确保货物在运输和仓储过程中得到妥善保护。

（三）服务设计在自由贸易港的应用

服务设计可以通过重新设计海关通关流程，优化申报、审批等环节，提高通关效率。引入数字化技术，建立智能通关系统，简化手续、提供在线申报，降低通关时间成本。服务设计可以促使不同环节的物流企业协同工作，建立信息共享平台，实现货物流转过程中的实时监控与协同。这有助于减少物流中的延误、损耗等问题，提升物流整体效率。

针对多元文化与多语言服务的挑战，服务设计可以建立多语言客户服务平台，提供多语言在线咨询、语音服务等，确保用户能够用最熟悉的语言获得所需的帮助。服务设计可以在自由贸易港中引入创新的支付和金融服务，例如数字货币支付、跨境金融服务等。通过数字化支付，可以简化交易流程，提高支付的便捷性和安全性。

服务设计可以通过智能化仓储系统，实现对库存的智能管理。引入物联网技术，实现对货物状态的实时监测，提高库存管理的精准度和效率。在安全与风险管理方面，服务设计可以建立安全防护系统，包括智能监控、生物识别技术等，确保货物在流通过程中得到有效保护，防范潜在的风险。

服务设计可以通过优化用户体验，提高用户在自由贸易港的感知和满意度。这包括建立用户友好的在线平台、提供个性化服务、简化操作流程等，使用户更愿意选择自由贸易港进行贸易活动。服务设计可以结合数据分析和预测技术，对服务需求进行精准预测。通过分析历史数据和市场趋势，港区可以提前预测高峰期，调配资源，确保在服务高峰时期也能够保持高效运作。

服务设计的一大优势是整合不同服务环节，建立一体化平台。这可以包括整合海关通关、物流、支付、金融等服务，使用户能够在同一个平台上完成多个环节，提高整体服务效率。引入智能客服和自助服务是服务设计的创新方向。通过人工智能技术，港区可以建立智能客服系统，实现自动回复常见问题，提高服务效率。同时，推动自助服务，让用户能够自主完成部分服务流程，减轻人工负担。

（四）服务设计带来的益处

通过服务设计的优化，可以简化流程、提高自动化水平，从而提升服务效率。海关通关、物流运输等环节的优化能够加速货物流转，减少等待时间，提高整体运作效率。服务设计以用户为中心，通过提升用户体验，使用户在自由贸易港的服务中感受更加顺畅、便捷的体验。这有助于增强用户满意度，提高用户对港区的信赖度。

通过引入数字化技术、自动化流程，服务设计可以降低运营成本。例如，智能物流、智能客服等技术的运用能够减少人工投入，提高运营效率，降低运营成本。服务设计引入智能监控、生物识别等安全技术，能够提高安全性，有效防范潜在的风险。通过实时监测货物状态、智能防护系统，港区可以更好地保障货物的安全。

服务设计的一体化平台整合能够促进国际合作。通过建立统一的服务标准和平台，不同国家和地区的企业能够更便捷地进行合作，推动国际贸易的发展。通过提升服务质量、降低成本、优化用户体验等方面的改进，服务设计有助于提高自由贸易港的整体竞争力。一个高效、安全、用户友好的港区能够更好地吸引全球企业的关注和合作。

（五）未来展望

未来，随着科技的不断创新和社会需求的变化，服务设计在自由贸易港中的应用将迎来更多可能性。预计未来服务设计可能将朝着以下方向发展：

随着数字化技术的迅速发展，自由贸易港将更加全面地推进数字化服务。包括智能通关、在线支付、数字化合规等方面的服务将得到进一步升级，提升整体运作效率。人工智能和大数据将更深入地应用于服务设计中。智能客服、数据分析、预测性服务需求等方面将更加成熟，为港区提供更智能、更精准的服务支持。

未来，跨境合作平台将得到更多建设。各国自由贸易港将建立统一的标准、共享的服务平台，促进国际间的协作，进一步提高全球贸易的便利性。服务设计将推动自由贸易港生态系统的形成。各个服务环节将更紧密地联系在一起，形成一个相互依赖、高效运作的生态系统，实现全方位的服务支持。

服务设计在自由贸易港中的应用具有巨大的潜力，可以通过优化海关通关流程、物流运输、多语言服务平台等方面，提升整体服务效率，提高用户体验，降低运营成本，促进国际合作，提高港区竞争力。未来，随着数字化技术、人工智能的不断发展，服务设计将在自由贸易港中发挥更为重要的作用，推动港区不断创新、不断提升。

第五节　品牌包装与形象陈列

一、包装设计对品牌形象的影响

在当今竞争激烈的市场环境中，品牌形象的建立和维护对企业的成功至关重要。包装作为产品和消费者之间的桥梁，扮演着至关重要的角色。包装设计不仅仅是产品外部的装饰，而且更是品牌传达信息、引起消费者情感共鸣的关键元素之一。

（一）包装设计的定义与重要性

1. 包装设计的定义

包装设计是指为产品或物品设计并创建外部容器或封套的过程。它不仅仅包括包装的外观，而且还包括包装材料的选择、结构设计、信息传递等多个方面。包装设计的目标是通过视觉、触觉等感官传达品牌的理念，引起潜在消费者的兴趣和好感。

2. 包装设计的重要性

包装设计首要的功能是保护产品，防止在运输、存储和销售过程中受到损坏。合理的包装设计可以确保产品在各个环节都能保持完好，避免因损坏而影响品牌形象。包装设计是产品的标识之一，能够使产品在竞争激烈的市场中脱颖而出。通过巧妙的包装设计，品牌可以在千篇一律的产品中脱颖而出，提高产品的识别度和区分度。

包装设计是品牌与消费者之间沟通的桥梁，能够传达品牌的核心价值观、文化和理念。通过包装，消费者能够感受到品牌的个性和特色，从而建立对品牌的认知和情感连接。吸引消费者购买是包装设计的重要目标之一。精心设计的包装可以通过色彩、形状、图案等元素引发消费者的购买欲望，促使其做出购买决策。

（二）包装设计与品牌形象的关系

产品的包装是消费者在购物过程中首先接触到的部分，直接影响到消费者的第一印象。一个吸引人、独特的包装能够在瞬间引起消费者的兴趣，形成积极的第一印象，有利于品牌形象的塑造[①]。

包装设计是品牌故事和价值的有力表达者。通过包装上的图案、文字和色彩，品牌能够向消费者传达品牌的独特故事和核心价值。消费者在选择产品时，会更倾向于选择与自己价值观相符的品牌。

品牌个性和特色的塑造离不开包装设计的精心构思。不同的包装设计风格能够为品牌注入个性，使其在市场上独树一帜。无论是简约、高端还是活泼、可爱，都能通过包装设计得到体现。

包装设计有助于品牌与目标受众建立情感连接。通过深入了解目标受众的喜好、审美和消费心理，包装设计可以创造出更符合目标受众口味的外观，建立积极的情感联系。

（三）创新包装设计的潜在价值

创新的包装设计有助于提升品牌知名度。独特、新颖的包装能够引起消费者的好奇心，使品牌在市场上脱颖而出，提高品牌的曝光率。创新的包装设计不仅可以提高产品的吸引力，还能为产品提供更多附加值。通过创新包装，品牌可以使消费者感受到产品的独特之处，增加产品的附加值。这可以通过采用特殊材料、独特形状、创意设计等方式来实现，使消费者感到购买产品是一种独特的体验。

创新的包装设计往往能够引起消费者的关注，激发他们分享产品的愿望。通过社交媒体等渠道，消费者可以轻松分享有趣、独特的包装设计，从而引发口碑传播。良好的口碑

---

① 林京. 中国传统品牌视觉设计对品牌发展的影响研究 [J]. 上海包装，2023（1）：147-149.

有助于品牌形象的积极塑造。独特的包装设计可以使产品更有吸引力，进而提高产品的溢价度。消费者愿意为独特、创新的产品支付更高的价格。因此，创新包装设计不仅可以提高品牌形象，而且还有助于提升产品的价格感知。

随着市场的变化和不同地区、不同群体的需求差异，创新包装设计能够更好地适应不同市场的需求。通过定制化的设计，品牌可以更好地满足不同受众的审美和文化背景，增强在多元市场中的竞争力。

包装设计作为品牌传播的关键元素，对品牌形象有着深远的影响。通过传递品牌故事、突出品牌特色、引发消费者情感共鸣，包装设计能够在激烈的市场竞争中脱颖而出。创新的包装设计不仅能够提升品牌知名度、增加产品附加值，还能够引发口碑传播，提高产品的溢价度。未来，可持续包装设计、个性化定制、互动式设计等将成为包装设计的发展趋势，为品牌形象的塑造带来更多可能性。

二、商品陈列与销售空间布局

商品陈列与销售空间布局是零售业中至关重要的元素之一，对于提升购物体验、促进销售、塑造品牌形象等方面都起着重要作用。在零售业竞争激烈的市场环境中，精心设计的商品陈列和销售空间布局能够吸引顾客注意，提高购物满意度，并最终促使购买决策。

（一）商品陈列的重要性

商品陈列是引导顾客注意力的关键方式之一。通过合理的陈列，将特定产品置于顾客视线的焦点位置，吸引顾客的目光，提高产品的曝光度，从而引导顾客的注意力，增加购买的可能性。巧妙的商品陈列可以促进交叉销售，即将相关的产品放置在相邻位置，引导顾客在购物过程中发现其他相关的商品。这有助于提升客单价，增加销售额。

商品陈列是零售空间中营造购物体验的重要手段。通过合理搭配、美观陈列，可以使顾客感受到愉悦的购物氛围，提高其在店内停留时间，增强购物的愉快感。商品陈列不仅仅是产品的展示，而且更是品牌形象的传递者。通过统一的陈列风格、品牌标识的展示，可以强化品牌形象，增加品牌的认知度和记忆度。

（二）商品陈列的关键要素

合理的陈列区域规划是成功商品陈列的基础。不同种类的商品应该有明确的陈列区域，以便顾客轻松找到所需产品。例如，根据产品的用途、季节性等因素进行合理分区，提高购物效率。产品摆放方式直接影响顾客对商品的感知和选择。常见的产品摆放方式包括直线陈列、交叉陈列、斜线陈列等。选择合适的摆放方式取决于产品特性和零售空间的设计。

陈列高度和密度影响顾客在购物过程中的舒适度和感知。合适的陈列高度和密度可以避免顾客感到拥挤或迷失在商品中，提高他们的购物体验。陈列道路设计是零售空间布局中的关键因素。合理的陈列道路设计可以引导顾客流线，确保他们在店内畅通无阻地移动，轻松找到所需商品。

（三）销售空间布局的设计原则

店铺流线设计是销售空间布局的重要原则之一。通过合理设置顾客进店、浏览商品、付款等流程，使整个购物过程变得更加流畅，提高购物效率。销售空间布局可以通过设置陈列主题来吸引顾客。根据季节、节日、促销活动等因素，设置不同的陈列主题，创造出新颖有趣的购物环境，激发顾客的购物兴趣。

销售空间布局要考虑如何引导顾客停留，增加顾客在店内的停留时间。通过设置吸引人的陈列、舒适的休息区域、体验区等，让顾客更愿意停下来浏览和购物。销售空间布局需要考虑空间的层次感，使整个店铺空间更富有层次和深度。通过合理的陈列高度、货架布局等设计，使顾客在空间中有更加清晰的视觉引导，感受到空间的层次和深度，增强了整体的美感和舒适感。

色彩和照明是销售空间布局中的关键因素，对顾客的心理产生直接影响。合理运用色彩心理学，选择适宜的颜色搭配，可以引起顾客的兴趣，激发购物欲望。同时，巧妙的照明设计能够突出陈列的重点，提升产品的吸引力。

货架和陈列家具的设计要考虑到商品的陈列需求、顾客的购物便利性以及整体空间的美感。合理设计的货架可以提高商品的可见性，陈列家具的选用和摆放则需要考虑与商品的搭配，为顾客提供更为便利的购物体验。

（四）商品陈列与销售空间布局对零售业的影响

通过合理的商品陈列和销售空间布局，零售业能够提升顾客的购物体验。设置舒适的空间、清晰的陈列、美观的设计都能够让顾客在购物过程中感受到愉悦和轻松，从而提高顾客的满意度。

精心设计的商品陈列和销售空间布局能够更好地引导顾客的购物行为，提高产品的曝光度，促使交叉销售，从而增加销售额。合理的陈列还可以引发顾客的购买欲望，推动销售。商品陈列和销售空间布局是零售品牌形象的展示场所。通过独特的设计和有创意的陈列，品牌能够在顾客心中树立独特的形象，增强品牌的知名度和认知度。

合理的销售空间布局可以引导顾客在店内停留更长的时间，增加他们与商品接触的机会。这有助于提高顾客的购物体验，增加购物的便利性，进而增加销售机会。在竞争激烈的零售市场中，商品陈列和销售空间布局成为品牌区分于竞争对手的一个关键因素。巧妙的设计能够使品牌在众多选择中脱颖而出，提高在市场中的竞争力。

商品陈列与销售空间布局作为零售业的关键组成部分，对于提升购物体验、促进销售、塑造品牌形象等方面有着深远的影响。通过合理的设计和创新，零售商可以更好地引导顾客行为，提高购物满意度，增加销售额。未来，随着技术的不断发展和社会需求的变化，商品陈列与销售空间布局将朝着数字化、个性化、社交化的方向不断演进，为零售业带来更多的发展机遇。

第六章　国际市场拓展与渠道管理

第一节　自由贸易港品牌的国际市场策略

一、国际市场拓展的动机与目标

（一）动机

企业在本地市场取得了一定的市场份额，但由于市场饱和度较高，寻求新的发展机会成为必然选择。国际市场拓展为企业提供了更大的销售潜力，有助于实现销售额的增长，从而提高企业整体盈利水平[①]。

某些国际市场可能具有更低的生产成本，例如廉价的劳动力和原材料，使得企业能够提高产品的竞争力和利润空间。利用不同国家之间的货币汇率差异，企业可以在不同市场中实现更有利可图的交易。

进军国际市场有助于企业获取先进的技术和生产经验，促使创新和技术升级，提高企业核心竞争力。

（二）目标

通过国际市场拓展，企业能够增加品牌在全球范围内的曝光度，提高品牌知名度，从而在目标市场中扩大市场份额。进军国际市场有助于吸引更多的客户，扩大客户基础，提高企业的市场份额和市场影响力。

进军多个国际市场可以分散企业的市场风险，降低对特定市场的依赖性，使企业更加稳健。多元化国际业务有助于企业在面对国际政治、经济和自然灾害等外部冲击时保持相对的稳定。

拓展国际市场可以促使企业优化资源配置，通过在不同国家的专业化生产，提高全球竞争力。利用国际市场，企业可以更容易地获取全球范围内的优质原材料、人才和其他资源，为企业发展提供更多有利条件。

[①]　杭岳兴，唐兴华. 现代市场营销学 [M]. 武汉：武汉工业大学出版社，1995：92.

（三）战略思考

不同国家有不同的文化、法规和市场需求，企业需要制定定制化的战略以适应不同市场的需要。随着国际市场的变化，企业需要保持灵活性，随时调整战略以适应不同的环境和市场动态。

国际市场拓展需要有效整合企业内部和外部资源，确保资源的充分利用，提高拓展的成功率。通过与当地企业建立合作关系，共享资源和信息，提高企业在国际市场中的竞争力。

综合而言，国际市场拓展是企业在追求增长和盈利的过程中的战略选择，通过合理的动机和明确的目标，企业可以更好地规划和执行国际市场拓展战略，实现可持续的全球化发展。

（四）经济因素

国际市场拓展使企业能够受益于全球经济一体化趋势，充分利用跨国贸易和投资机会，实现资源优化配置。通过建立跨国供应链和分销网络，企业可以降低交易成本，提高效益。

进军新兴市场有助于企业在全球范围内寻找增长机遇，特别是一些具有高潜力的新兴经济体。新兴市场可能有独特的需求和消费习惯，企业需要灵活调整产品和营销策略以满足这些需求。

（五）政治和法律因素

企业在选择国际市场时通常会偏向那些政治稳定、法制健全的国家，以降低政治风险。在不同政治体制下运营，企业需要遵守当地法律法规，理解和适应不同的政治环境。

企业需要了解和遵守各国的法规和标准，确保在国际市场中的合法经营。建立专业的法务团队，以处理跨国法规合规事务，降低法律风险。

（六）社会文化因素

不同国家有不同的文化背景，企业需要进行跨文化营销，确保产品和服务符合当地文化特点。在国际市场中，企业需要关注当地社会的文化价值观，履行社会责任，获得当地消费者的认同。

国际市场拓展可能涉及跨国人才管理，需要建立有效的人才吸引和管理机制，确保团队的多元化和协同。为员工提供跨文化培训，增强他们在国际环境下的适应能力，提高团队协同效率。

（七）技术和创新因素

进军国际市场可以帮助企业获取新的技术和研发成果，推动技术转移和创新。与国际合作伙伴建立技术合作关系，实现技术资源的共享和优势互补。

（八）数字化转型

利用数字技术进行国际业务拓展，提高运营效率，加强与国际客户的交流互动。在数字化过程中，关注数据安全和合规性，防范可能的风险和法规违规问题。

综上所述，国际市场拓展需要企业在经济、战略、技术、法律、社会文化等多个方面进行全面考虑。通过明确的动机和目标，以及灵活的战略思考，企业可以更好地把握国际市场机遇，实现可持续的全球化发展。

二、品牌国际化的战略选择

品牌国际化是企业将其品牌在国际市场上推广和发展的过程，涉及战略的选择、市场的定位以及文化的适应。在全球化的背景下，品牌国际化成为企业追求全球市场份额和品牌影响力的关键战略之一。

（一）市场选择与分析

在品牌国际化过程中，企业首先需要进行全面的市场研究，评估各个潜在市场的规模、增长潜力、竞争格局以及文化特点。根据市场规模和竞争情况，企业可以将目标市场分为主要市场和次要市场，有针对性地制定策略。

通过在目标市场建立子公司、合资企业或并购当地企业的方式，实现对目标市场的直接投资。通过与当地分销商、代理商或合作伙伴建立合作关系，实现间接进入目标市场。

了解和尊重不同国家和地区的文化差异，调整品牌定位、市场营销和产品策略，以适应当地文化差异。在目标市场建立本土化运营团队，确保企业能够更好地融入当地市场，提高品牌的认可度。

（二）品牌定位与传播

保持品牌核心价值和形象的一致性，使消费者能够在不同市场中识别和记忆品牌。在一致性的基础上，根据不同市场的需求和文化背景，适度调整品牌定位，提高品牌的本土化程度。

通过多种媒体渠道，包括社交媒体、传统广告、线上线下活动等，实现品牌信息的全方位传播。在全球范围内实现品牌传播的整合，确保信息一致性和传递效果。

（三）品牌创新与差异化

在品牌国际化过程中，企业需要深入了解目标市场的消费者需求，推出符合当地市场趋势的新产品。针对不同市场的特殊需求，进行产品创新设计，提高产品在当地市场的竞争力。

确定品牌的独特性，通过独特的品牌特征和故事，使品牌在全球市场中脱颖而出。提供个性化的服务和购物体验，提高消费者的品牌忠诚度。

（四）风险管理与监测

定期评估目标市场的政治稳定性，降低政治风险对品牌的不利影响。关注竞争对手的动态，及时调整品牌策略，以保持竞争优势。

建立品牌声誉监测机制，随时了解消费者对品牌的反馈，及时应对潜在的品牌危机。持续监测目标市场的市场趋势和变化，及时调整战略，确保品牌与市场同步发展。

（五）社会责任与可持续发展

在产品生产和运营中考虑环境友好，提升品牌的社会责任形象。参与当地社区活动，建立与当地社区的良好关系，增强品牌在社会中的认可度。确保全球供应链的可持续性，重视原材料的可持续采购和生产过程的环保性。

（六）数字化与科技应用

利用全球数字化平台，实现品牌信息的实时传播和全球范围内的在线推广。发展跨境电商，提供全球范围内的在线购物渠道，加强品牌在数字化时代的竞争力。运用大数据技术分析全球消费者的购物行为和偏好，为品牌定制个性化的服务和推广策略。利用人工智能技术，实现智能化的品牌营销，提升用户体验和忠诚度。

（七）人才培养与团队建设

在品牌国际化过程中，建立多元化的团队，包括不同国家和文化背景的员工，提高团队的跨文化能力。提高团队成员在跨国沟通和合作方面的能力，确保团队协同效率。

在目标市场招聘本地人才，更好地理解当地市场需求，提高企业在本地市场的适应性。通过培训和发展计划，提高员工的国际业务素养，确保团队具备全球化竞争力。

品牌国际化是企业在全球市场中获取竞争优势、提高品牌价值的重要战略。通过合理的市场选择、文化适应、品牌定位，以及数字化技术的应用，企业能够更好地应对全球化的挑战，取得持续的国际化成功。在这一过程中，不仅需要灵活的战略思维，而且更需要与时俱进的创新意识，以及注重社会责任和可持续发展的企业价值观。通过全球团队的合作、市场反馈的及时调整，品牌国际化将成为企业赢得全球市场的关键利器。

第二节　目标国家与地区的市场分析

一、市场规模与增长潜力的评估

市场规模和增长潜力的评估对企业制定战略和决策具有重要意义。了解市场规模可以帮助企业确定目标市场的潜在规模和竞争格局，而评估增长潜力则是预测未来市场的发展趋势和机会。

（一）市场规模的评估方法

将整个市场细分为不同的区域、行业或消费者群体，有助于更精准地划定目标市场。使用人口统计数据，如人口总量、年龄结构、性别比例等，评估目标市场的规模。基于统计学方法，构建市场容量模型，通过数据采集和分析，估算市场的容量。了解目标市场的消费者需求，结合产品定价和市场份额，估算市场容量。了解竞争对手的市场份额，推测整个市场的规模，特别是在竞争激烈的行业中。分析市场的增速，结合竞争格局，分析市场规模的动态变化。

（二）增长潜力的评估方法

通过分析国家的 GDP、人均收入、失业率等经济指标，了解整体宏观经济环境。关注政府的产业政策、投资政策等，判断对目标市场的促进作用。研究行业的发展趋势，包括技术创新、消费习惯变化等，评估行业的长期增长潜力。分析行业的优势、劣势、机会和威胁，判断行业未来的发展动力。进行目标市场的消费者调查，了解他们的购买意愿、偏好和变化趋势。根据不同消费者群体的需求，判断市场细分领域的增长潜力。

（三）影响市场规模与增长潜力的因素

人口多寡直接影响到市场规模，庞大的人口市场通常有更大的消费潜力。年龄结构的不同会影响对不同产品和服务的需求，从而影响市场的规模。经济增长率高的国家通常伴随着更高的消费水平，有利于市场规模的扩大。较高的收入水平意味着更强的购买力，支持市场规模的提升。

技术创新可以带动新产品的涌现，促使市场规模的增长。随着数字化转型的推进，新兴数字经济领域的市场潜力逐渐显现。竞争激烈的市场通常有较大的市场规模，但也伴随着更强烈的竞争。在细分领域中，市场竞争可能相对较小，但增长潜力仍然存在。

消费者的购物习惯和趋势变化会影响市场规模和增长潜力。社会文化因素对消费者需求和行为的影响也是评估市场的关键因素。

（四）市场规模与增长潜力对企业战略的意义

帮助企业选择适当的市场规模，确定战略定位，是专注于小众市场还是追求大众市场。基于增长潜力的评估，企业可以选择投资于具有潜在增长的市场，确保长期竞争力和盈利能力。了解市场规模有助于企业决定产品开发的范围，确保产品能够满足市场需求。评估增长潜力可以指导企业在产品定价方面的策略，确保价格与市场需求和竞争相匹配。

辨识潜在市场规模巨大的地区，有助于企业决定是否进行市场扩张或国际化。考虑市场的增长潜力，企业可以选择投资于具有更高增长潜力的国际市场，拓展业务范围。了解市场规模有助于企业制定适当的市场营销策略，确保覆盖到目标受众。在市场营销中考虑增长潜力，可以更有针对性地制定产品推广和广告策略，提高品牌曝光度。

了解市场规模有助于企业评估市场份额和竞争程度，降低市场风险。在考虑增长潜力时，企业能够更好地预测市场的未来发展，更灵活地应对市场波动。通过了解市场规模，企业可以更有效地分配资源，集中精力开发具有较大市场规模的产品或服务。

考虑增长潜力，企业可以更明智地进行资本投资，确保资源的最优利用。市场规模与增长潜力的评估是企业制定战略和决策的基础，对于实现长期竞争力和可持续发展至关重要。通过科学的市场研究和数据分析，企业可以更准确地把握市场的实际规模，理解市场的发展趋势和潜在机会。在不断变化的商业环境中，对市场规模和增长潜力进行深入评估有助于企业更好地应对挑战，制定灵活、有效的战略，实现业务的可持续增长。

二、目标市场文化与消费习惯的了解

在全球化的背景下，企业在选择目标市场时，必须深入了解目标市场的文化和消费习惯，以确保产品或服务能够与当地消费者产生共鸣，提高市场适应性和竞争力。

（一）目标市场文化的了解

文化是塑造消费者行为和决策的关键因素之一。了解目标市场的文化，有助于预测消费者的偏好、价值观和购买动机。不同文化背景的人对品牌的认知和理解可能存在差异。因此，理解目标市场的文化有助于构建更有针对性的品牌形象。进行深入的文化调研，包括语言、宗教、价值观、传统习俗等方面，以更加全面了解目标市场的文化。与当地的合作伙伴或专业文化咨询机构合作，获取更深入的文化洞察。

了解文化差异有助于企业避免因文化冲突而导致的市场营销失败。通过尊重和融入当地文化，企业能够增强消费者对品牌的认同感，提高忠诚度。

（二）目标市场消费习惯的了解

了解目标市场的消费习惯，包括购物时间、购物地点、购物方式等，有助于企业精准制定市场推广策略。不同地区可能有不同的支付习惯，例如某些地区可能更倾向于使用移动支付，而另一些地区可能更习惯使用信用卡。

了解目标市场的消费决策链条，包括家庭成员的影响、朋友圈的建议等，有助于企业更精准地制定市场推广计划。某些文化背景下的消费者可能更注重品牌忠诚度，而另一些文化中的消费者可能更注重产品性能和价格。

了解目标市场消费者在社交媒体上的活跃度和使用习惯，有助于企业选择合适的社交媒体平台进行市场推广。在某些文化中，口碑传播可能更为重要，了解这一点有助于企业培养良好的口碑和品牌形象。

（三）文化与消费习惯了解的方法

进行有针对性的消费者调查，通过问卷、访谈等方式了解消费者的文化价值观和购物习惯。分析竞争对手在目标市场的市场表现，了解当地消费者对不同品牌的偏好。监测目标市场的社交媒体平台，了解消费者在社交媒体上的交流和反馈。分析当地社交媒体上的消费趋势，包括热门话题、关注度等，指导企业的市场推广战略。

与当地专业的文化咨询机构或合作伙伴合作，获取更深入的文化和消费习惯信息。在目标市场建立本土团队，由当地员工协助企业更好地理解当地文化和消费者行为，为市场推广提供更加深入的洞察。参与当地的文化活动、节日庆典等，了解当地人民的生活方式和价值观。积极参与当地社区，建立与当地消费者的联系，促进品牌与当地社区的融合。

（四）文化与消费习惯了解的重要性

了解目标市场的文化和消费习惯，有助于企业个性化定制市场推广策略，更好地满足消费者需求。避免由于文化差异导致的市场推广误解，确保广告和宣传活动的准确传达品牌信息。尊重当地文化和价值观，使产品或服务与当地文化产生共鸣，增强消费者对品牌的认同感。在社交媒体上通过与当地文化相关的内容，提升品牌在目标市场的社交影响力。

对目标市场文化和消费习惯的深入了解，使企业能够灵活调整产品设计、价格策略和销售渠道，提高市场适应性。由于文化和消费习惯可能随时间而变化，定期更新研究有助于企业保持对目标市场的准确洞察。

对目标市场文化的了解有助于企业避免因文化敏感错误而引发的市场危机。通过了解当地的消费趋势，企业能够提前预知市场动向，更好地应对竞争和风险。深入了解目标市场的文化和消费习惯对企业在全球市场中取得成功至关重要。通过市场调研、社交媒体分析、与当地合作伙伴合作等手段，企业能够获取更深入的文化洞察，制定更精准的市场推广策略。文化和消费习惯的了解不仅能够提高品牌的认同感和市场适应性，还能够降低市场风险，避免文化冲突，建立更持久的品牌影响力。在全球化时代，企业需要结合不同国家和地区的文化多样性制定差异化的市场战略，以确保产品或服务能够在各个目标市场取得成功。

第三节　跨境电商与国际物流

一、跨境电商在国际市场拓展中的作用

跨境电商，即在不同国家和地区之间进行电子商务交易的商业模式，已经成为企业拓展国际市场的重要途径。随着数字化技术的不断发展和全球经济的互联互通，跨境电商为企业提供了更广阔的市场机会和更高效的国际业务运营方式。

（一）跨境电商的定义与特点

跨境电商是指企业通过电子商务平台，跨越国家和地区的界限，进行商品和服务的买卖、支付、物流等商业活动的模式。依托数字化技术，包括互联网、电子支付、物联网等，实现线上交易和信息传递。跨境电商打破地域限制，使企业可以面向全球市场，开拓更广阔的商业机会。

支持多种国际支付方式，提供便捷的支付体验，促进国际交易的完成。建立全球化的物流网络，实现高效的国际物流配送，缩短交货周期。

（二）跨境电商的优势

跨境电商打破了传统商业模式中的地域限制，企业可以直接面向全球市场，实现更大范围的市场覆盖。通过电子商务平台，企业可以轻松获取国际用户，拓展客户群体，提升销售规模。

相比传统的实体零售，跨境电商的运营成本相对较低，不需要大量的实体店面和人力

资源。通过电子渠道，企业可以更有效地进行国际市场调研，降低市场进入的试错成本。跨境电商使企业能够发现和利用更多的市场机会，因为不同国家和地区的市场需求和消费习惯存在多样性。根据国际市场的需求，企业可以灵活调整产品和服务，提供更符合当地消费者需求的定制化产品。

通过数字化营销方式，如社交媒体、搜索引擎优化等，企业可以在全球范围内进行精准推广，提高品牌知名度。利用在线广告平台，精准投放广告，吸引更多国际消费者的关注。

跨境电商提供便捷的在线购物流程，包括简化的支付方式和多语言支持，提升用户体验。通过在线客服和多语言客服支持，提供更及时、全面的服务，增强用户满意度。

（三）跨境电商的挑战

不同国家和地区有不同的电商法规和合规标准，企业需要了解并遵守各地的法律法规，以避免法律问题。跨境电商面临复杂的国际税收问题，需要解决跨国交易中的税收计算、报告和缴纳等方面的挑战。

国际交易中的汇率波动可能影响企业的收入和成本，增加支付和货币方面的风险。跨境交易中存在支付安全隐患，包括信用卡盗刷、支付风险等，需要企业加强支付安全管理。

跨境电商需要建立高效的国际物流网络，以确保商品能够快速、安全地送达消费者手中。国际供应链可能会面临延迟和不确定性，对库存管理和订单履行提出更高要求。

不同国家和地区存在文化差异，包括消费习惯、社会礼仪等，需要企业适应并避免文化冲突。跨境交易涉及多种语言，语言障碍可能导致沟通不畅，影响用户体验。跨境电商市场竞争激烈，需要企业在全球范围内与其他竞争对手竞争市场份额。

企业在进入新市场时需要适应当地市场的本土竞争环境，了解当地消费者的需求。跨境电商需要应对网络安全威胁，包括数据泄露、网络攻击等，确保用户信息的安全性。需要不断更新和升级技术设施，以应对市场和技术的快速变化。

（四）跨境电商对企业战略的影响

跨境电商使企业能够制定更具全球市场定位的国际化战略，根据不同国家和地区的需求进行产品和服务定位。通过建立全球供应链，企业能够更灵活地调整产品生产和供应，提高供应链的响应速度。

跨境电商为企业提供数字化营销的机会，通过在线广告、社交媒体等渠道实现全球数字推广。通过数据分析，企业能够更深入地了解不同国家和地区市场的特点，制定更具针对性的数字化营销策略。

跨境电商需要整合多种国际支付方式，满足不同国家和地区的支付习惯，提高用户支付的便利性。通过本地化服务，如多语言客服、本地化的商品推荐，提升用户体验，增加用户黏性。

与国际物流公司、支付机构等建立合作关系，共同优化跨境交易中的物流和支付流程，提高整体物流效率。借助物联网技术和大数据分析，企业可以优化国际物流，实现更快速、精准的商品配送，提升顾客满意度。

企业需要在国际市场中更好地适应当地文化，了解消费者的价值观、习惯和需求，调整产品和服务以符合当地市场。在不同国家设立本地化运营团队，负责市场调研、客户服务和销售策略，提高企业在当地的竞争力。

跨境电商需要建立健全的风险管理体系，包括货币风险、法规合规风险等，降低企业在国际市场的经营风险。持续监控国际市场的法规变化，确保企业的运营活动符合各国法规和合规标准，避免出现法律纠纷。

跨境电商在国际市场拓展中发挥着重要作用，为企业提供了更广阔的市场机会和更高效的运营方式。通过全球市场覆盖、成本效益、市场机会发现、数字化营销等优势，企业能够更好地适应全球化经济的发展趋势。然而，也需要面对法规合规、支付和货币风险、物流和供应链等方面的挑战。

企业在制定跨境电商战略时，需要全面考虑国际化战略、数字化营销策略、多元支付和本地化服务、国际合作与物流优化、文化适应与本土化运营、风险管理和合规监控等方面的因素。通过科学合理的战略规划，企业可以更好地利用跨境电商的优势，降低风险，提高国际市场的竞争力，实现全球化经营的可持续发展。在未来，跨境电商将继续发挥重要作用，为企业在国际市场中拓展业务提供更多可能性。

二、国际物流体系对供应链的影响

国际物流作为全球供应链中不可或缺的一环，扮演着连接生产、分销和消费环节的关键角色。国际物流体系的效率和稳定性直接影响着企业的全球供应链运作。

（一）供应链效率的提升

国际物流体系的完善使得企业可以选择更快速的运输方式，如空运，以缩短产品从生产地到消费地的时间。同时，海运作为更经济的选择也在供应链中发挥关键作用。先进的物流技术，如实时跟踪、智能调度系统等，有助于提高货物的运输速度，缩短交货周期。

国际物流体系的数字化趋势推动了整个供应链的数字化转型。通过电子数据交换（EDI）和物联网技术，订单处理和信息流变得更加高效，减少了手工操作和信息传递的时间。国际物流体系的提升使得企业可以实时监控货物的位置和状态，提高了供应链的可视性，有助于更准确地进行订单处理和库存管理。

更迅速的物流使得企业可以实现定期补货，减少库存积压和过度库存的问题，提高库存周转率。国际物流的高效性使得按需生产成为可能，企业可以更灵活地根据市场需求进行生产，降低库存成本。

（二）供应链可视性的增强

国际物流体系的发展使得企业能够实时追踪货物的运输进程，从而提高对供应链的实时可视性。利用传感器技术，可以监测货物的温度、湿度等环境参数，确保产品质量，提高供应链的可视性。

国际物流体系的合作伙伴可以通过共享信息平台实现更紧密的协同。供应链各环节的数据共享有助于更好地协调生产计划、物流运输等方面的工作。国际物流体系的建设促进了全球供应链网络的形成，企业可以更容易地与全球范围内的供应商、制造商和分销商建立联系，实现更紧密的合作。

（三）供应链成本的优化

国际物流体系的发展使得货运合并成为可能，多个企业的货物可以在同一运输中进行合并，降低运输成本。提高物流效率不仅可以减少运输时间，而且还有助于降低运输成本。更精细的路线规划、仓储管理等方面的优化降低了整体的运输费用。

实时可视性和信息共享使得企业能够更准确地进行库存管理，避免库存过剩和缺货，降低库存持有成本。国际物流体系的拓展促使了跨境仓储的发展，通过合理的仓储规划，企业可以降低仓储成本。

（四）供应链可持续性的提升

国际物流体系的可持续性得到提升，通过使用可再生能源，如太阳能、风能，减少对传统能源的依赖，降低环境影响。通过优化运输路线、改进车辆燃油效率等途径，国际物流体系有助于减少运输过程中的碳足迹，提高供应链的可持续性。

国际物流体系的发展促进了包装材料的创新，更环保的包装材料有助于实现循环经济原则，减少对资源的浪费。国际物流体系的数字化使得企业更容易进行产品生命周期管理，从设计、生产到运输和废弃的全过程考虑，降低对环境的负面影响。

（五）国际物流体系对供应链的挑战

不同国家和地区的法规标准各异，企业需要花费更多的精力来遵循复杂的国际法规，包括关税、进口限制等。国际物流体系中涉及不同文化和语言的沟通，可能会引发误解和沟通障碍，增加了管理的复杂性。国际物流面临地缘政治的不确定性，如政治动荡、战争等，可能对供应链造成巨大影响。国际物流涉及跨越不同地理区域，自然灾害如地震、飓风等可能导致交通中断、货物损失，增加了风险。

国际物流体系的数字化使得大量敏感信息在网络中传输，面临网络安全威胁，如数据泄露、黑客攻击等。网络攻击可能导致供应链中断，对生产和交货周期产生负面影响。

为建设高效的国际物流体系，企业需要进行大量的投资，包括物流设施、信息技术、人才培训等，增加了成本压力。国际运输市场的波动性较大，原材料价格、燃油价格的波动会直接影响运输成本，对企业经营造成不确定性。

（六）未来发展趋势

物联网技术在国际物流中的应用将更加广泛，实现货物、运输工具、仓储设备等的智能连接，提高物流效率。人工智能将在供应链管理中发挥更大作用，通过预测分析、自动化处理等手段提升供应链的智能化水平。企业将更加注重建设绿色供应链，采用环保材料、减少碳排放等方式，推动供应链向可持续方向发展。更多企业将设定碳中和目标，通过使用可再生能源、改进运输方式等手段，降低供应链的碳足迹。

区块链技术将提高供应链的透明度，实现供应链中各个环节数据的安全共享，减少信息不对称和不确定性。区块链可以有效防范伪造和欺诈行为，确保供应链中的产品和信息的真实性。供应链将更加数字化，通过大数据分析、人工智能、云计算等技术，实现供应链的数字化转型。

数字化供应链可以实现更快速的反馈，帮助企业更灵活地应对市场变化和客户需求。国际物流体系对供应链产生了深远的影响，通过提升供应链效率、增强供应链可视性、优化供应链成本和提升供应链可持续性等方面，促使供应链更好地适应全球化经济的发展。然而，也面临着全球化的复杂性、风险管理的挑战、网络安全威胁和成本压力等问题。

未来，智能物流技术、可持续物流、区块链技术和供应链数字化将成为国际物流体系发展的关键趋势。企业需要不断调整战略，投入更多的资源进行技术创新和数字化转型，以更好地适应全球供应链的变化，实现供应链的高效运转和可持续发展。

第四节　海外零售渠道的选择

一、海外零售渠道的类型与特点

海外零售渠道是企业进入国际市场并将产品销售给海外消费者的重要途径之一。随着全球化的推进，企业需要了解和选择适合其业务模式和产品特点的海外零售渠道。

（一）传统零售渠道

传统零售渠道主要通过实体店面进行销售，包括百货商店、专卖店、超市等。消费者通过亲自前往店面进行购物，可以亲身感受产品，提高购物体验。传统零售渠道受到地域限制，需要在不同国家建立实体店面。

传统零售渠道适用于消费者更注重实体体验、喜欢亲临店面的情况。适合需要提供专业咨询和服务的产品，如高端时装、珠宝等。

（二）电子商务渠道

电子商务渠道主要通过互联网平台进行销售，包括自有网站、第三方电商平台等。电子商务渠道突破了地域限制，可以全球范围内销售产品[①]。电子商务渠道采用数字支付方式，如信用卡、支付宝、PayPal等。

电子商务渠道适用于消费者更倾向于在线购物、便捷支付的情况。适合标准化产品，如服装、数码产品等。

（三）跨境电商渠道

跨境电商渠道涉及国际贸易，运用互联网实现不同国家和地区之间的商品交流。跨境

---

① 郭春荣.基于电子商务的多渠道分销定价博弈及库存控制[M].北京：中国时代经济出版社，2018：29.

电商需要进行海关申报，处理跨境物流和清关手续。支持不同国家和地区的多元支付方式，方便国际消费者支付。

跨境电商渠道适用于企业希望快速进入国际市场、利用电商平台进行国际销售的情况。适合小批量、高频次的交易，如时尚品牌、特色商品等。

（四）合作伙伴关系渠道

通过建立合作伙伴关系，与当地零售商、分销商、代理商等开展合作。利用当地合作伙伴的经验和资源，实现本地化经营。通过合作伙伴关系，企业可以与当地合作伙伴共同承担市场风险。

合作伙伴关系渠道适用于企业希望在海外市场建立本地化业务、充分利用当地合作伙伴资源的情况。适合需要解决文化差异、法规限制等问题的企业。

（五）直销渠道

直销渠道通过独立销售代表、专卖店等直接向消费者销售产品。通过建立个人关系，直销渠道强调直接沟通和服务。利用社交媒体、线下活动等进行产品推广和销售。

直销渠道适用于需要建立个人关系、通过社交方式推广产品的情况。适合高度依赖客户信任和口碑的产品，如保健品、美容产品等。

（六）特许经营渠道

特许经营渠道通过授权给独立经营者使用品牌、商标等进行经营。企业对特许经营者进行培训，实现标准化的管理。通过特许经营，企业可以在更广泛的地域内共享品牌价值，快速扩大品牌知名度。

特许经营渠道适用于企业希望在海外市场实现快速扩张、降低运营风险的情况。适合需要在不同国家和地区建立一致品牌形象的企业。

（七）网络直销渠道

网络直销渠道主要通过企业自有的在线平台、社交媒体等进行销售。企业可以直接接触和服务消费者，建立直接的用户关系。利用大数据和用户行为分析，进行个性化的产品推荐和营销。

网络直销渠道适用于企业重视与消费者直接互动、通过数字化手段进行销售的情况。适合个性化需求较强、注重在线购物体验的产品，如定制产品、生活用品等。

（八）特色商店渠道

特色商店渠道注重营造独特的购物体验，通过店内布置、产品陈列等吸引消费者。特色商店可能融入当地文化、艺术等元素，突显品牌的独特性。特色商店可能提供限量或独家商品，吸引具有独特需求的消费者。

特色商店渠道适用于企业希望通过独特的购物体验、个性化商品吸引消费者的情况。适合具有特殊设计、手工艺品等特色的产品。

（九）电商平台合作渠道

企业通过与电商平台合作，将产品入驻平台进行销售。电商平台提供的大量流量可帮助企业快速触达潜在消费者。利用电商平台提供的支付、物流等服务，简化销售流程。

电商平台合作渠道适用于企业希望通过借助电商平台的影响力、获得更多流量的情况。适合初创企业或规模较小的企业，通过与大型电商平台合作，提升品牌曝光度。

（十）社交电商渠道

社交电商通过整合社交媒体平台，实现产品的直接销售。消费者可以通过社交平台分享购物体验、推荐产品，形成口碑效应。社交电商中常见的直播销售方式，通过直播节目进行产品展示和销售。

社交电商渠道适用于产品适合通过社交分享、口碑传播的情况。适合具有社交化特点的产品，如时尚品牌、美妆产品等。

（十一）特许经销渠道

特许经销渠道通过向经销商提供特许经营授权，让其在指定区域销售产品。企业通过培训和管理，保持品牌在不同经销商之间的一致性。企业与经销商共同推广产品，实现共赢。

特许经销渠道适用于企业希望在不同地区建立统一的品牌形象、通过合作实现共同增长的情况。适合需要在不同地区形成一致市场定位、协同推广的产品。

（十二）品牌旗舰店渠道

品牌旗舰店渠道通过建立独立的品牌专卖店，突显品牌形象。旗舰店可以展示品牌的全线产品，提供更全面的购物体验。通过店面布置、产品陈列等传递品牌文化，深化与消费者的连接。

品牌旗舰店渠道适用于品牌希望通过独立店面传递品牌文化、提升品牌形象的情况。适合高端品牌、追求品牌文化的消费者，通过专卖店提供更高品质的购物体验。

（十三）供应商直销渠道

供应商直销渠道通过直接与生产厂家或主要供应商合作，实现产品直销。与传统零售渠道相比，供应商直销去除了中间环节，降低了产品成本。供应商可以更灵活地定价，根据市场需求和成本进行调整。

供应商直销渠道适用于企业与供应商建立密切关系，通过直接合作实现更高效、更灵活的供应链管理的情况。适合产品具有成本竞争优势、强调直接与消费者沟通的情况。

（十四）集成式渠道

集成式渠道通过整合多种销售渠道，实现多渠道销售，包括实体店、电子商务、社交媒体等。企业通过集成式渠道提供全方位的购物体验和服务，满足不同消费者的需求。不同销售渠道之间实现数据共享，提高供应链效率[①]。

集成式渠道适用于企业希望通过多渠道整合提供更全面的购物体验、满足不同消费者需求的情况。适合规模较大、具有丰富产品线的企业。

（十五）订阅服务渠道

订阅服务渠道通过让消费者定期订购产品或服务，建立长期关系。根据消费者的喜好和需求，提供个性化的产品推荐。订阅服务渠道通常采用便捷的自动支付方式，方便消费者。

订阅服务渠道适用于产品具有周期性需求、消费者更注重便捷购物体验的情况。适合提供定期更新的产品，如美妆产品、食品、杂志等。

（十六）线上线下融合渠道

线上线下融合渠道通过将线上和线下销售渠道相互融合，实现多渠道互动。通过O2O（Online to Offline）模式，引导线上消费者到线下实体店购物，或将线下购物体验带到线上。消费者可以在不同渠道之间无缝切换，享受更便捷的购物体验。

线上线下融合渠道适用于企业希望整合线上线下资源，提供更全面的购物体验的情况。适合提供线下服务支持、线上线下互动体验的产品，如家居、体验式产品等。

（十七）社区化销售渠道

社区化销售渠道通过建立社区，让消费者在社区中互相分享购物体验、交流产品使用心得。企业通过社区运营，与消费者建立更紧密的关系，提供专业咨询和服务。消费者可以参与产品的共同开发、定制，增强用户黏性。

社区化销售渠道适用于产品需要社区互动、注重用户参与的情况。适合具有特定兴趣爱好、需求相似的消费者群体。

（十八）独立品牌网店渠道

独立品牌网店渠道通过企业自主搭建和运营的网上商店，建立独立品牌形象。网店提供更大空间展示品牌故事、产品特色，深化品牌印象。消费者可以直接在品牌网店购物，实现直接销售。

独立品牌网店渠道适用于企业希望通过独立网店展示品牌、实现品牌直接销售的情况。适合注重品牌独立性、追求直接与消费者沟通的品牌。

（十九）直邮渠道

直邮渠道通过国际直邮方式，将产品直接寄送给海外消费者。企业需要处理海外关税、清关手续等事务。采用高效的国际物流，缩短配送时间，提高消费者满意度。

直邮渠道适用于产品适合国际直邮、企业有能力处理关税和清关手续的情况。适合小批量、高频次交易的产品，如时尚品牌、特色商品等。

---

① 凌子谦. 渠道的力量 [M]. 北京：中国长安出版社,2014：58.

（二十）拍卖渠道

拍卖渠道通过竞拍的方式进行产品销售，由出价最高者购得商品。拍卖通常设定限时，增加购物的紧迫感。适合独特、限量的商品，吸引竞拍者。

拍卖渠道适用于产品具有独特性、稀缺性，适合通过竞拍方式进行销售的情况。适合艺术品、收藏品等特殊类别的产品。

不同类型的海外零售渠道具有各自的特点和适用场景，企业在拓展国际市场时需要根据产品属性、目标市场、消费者需求等因素选择合适的渠道。同时，随着科技的发展和消费者行为的变化，跨界融合、数字化创新等趋势也将影响海外零售渠道的发展方向。企业需要灵活调整战略，与时俱进，以更好地适应国际市场的竞争和变化。

二、自由贸易港品牌在海外不同零售渠道的表现

自由贸易港作为国际贸易的重要节点，不仅促进了商品的自由流通，也为品牌提供了更广阔的国际市场。在海外市场，自由贸易港品牌面临着多样的零售渠道选择，如电商、实体店、跨境电商等。

（一）自由贸易港品牌的优势

自由贸易港通常享有零关税或低关税的政策，使品牌产品更具价格竞争力。自由贸易港提供了简化的报关和清关手续，加速产品进入海外市场。自由贸易港作为国际贸易枢纽，品牌在此注册或设立业务，有助于构建国际化品牌形象。自由贸易港品牌更容易与国际企业合作，推动品牌在全球范围内的知名度。

自由贸易港优越的地理位置和先进的物流体系，有助于品牌建立高效的供应链。商品从自由贸易港发往各地更加便捷，缩短了交货周期，提高了供应链反应速度。自由贸易港通常蕴藏着创新的科技氛围，品牌在此更容易获取创新资源。自由贸易港提供创业支持政策，有助于品牌在新市场中得到快速成长。

（二）自由贸易港品牌在不同零售渠道的表现

自由贸易港品牌通过跨境电商平台，可以迅速进入多个国家和地区市场，实现全球化销售。电商平台提供了良好的品牌展示机会，品牌可以通过页面设计、广告投放等方式吸引更多目标客户。通过电商平台提供的数据分析工具，品牌可以深入了解海外市场的消费者需求，精准调整营销策略。

在自由贸易港设立专卖店，有助于提高品牌在当地的形象和知名度，吸引更多实体店的消费者。参与当地购物中心的活动和推广，增加品牌在实体零售市场的曝光度，提高销售机会。与当地零售商合作，将产品引入主流零售渠道，拓展销售网络。

利用自由贸易港的直邮服务，品牌可以提供更快速、便捷的跨境配送，提高顾客体验。了解和充分利用自由贸易港的关税政策，降低产品成本，提高价格竞争力。品牌需要熟悉和遵循不同国家的海关规定，确保顺利通过清关手续。

通过与当地经销商建立合作伙伴关系，自由贸易港品牌可以借助其在本地市场的了解和资源，实现更高效的销售。与代理商合作可以让品牌在自由贸易港以外的地区建立销售网络，扩大市场覆盖面。与当地企业、品牌进行联合推广活动，共同吸引目标客户，实现互利共赢。

自由贸易港品牌可以考虑在其他国家设立特许经营店，通过授权给合作方使用品牌，扩大品牌在国际市场的存在感。通过特许经营，品牌可以在不同国家保持一致的标准化管理，提高品牌形象的一致性。特许经营可以帮助品牌更好地适应当地文化和市场需求，提升在当地的竞争力。

利用自由贸易港的社交电商渠道，品牌可以通过社交媒体平台展示产品，与消费者建立更密切的互动。鼓励消费者通过社交媒体分享购物体验，形成口碑效应，提高品牌在海外市场的知名度。利用社交媒体的直播功能，品牌可以进行产品展示和销售，实现更直接的销售渠道。

利用自由贸易港提供的线上销售平台，品牌可以直接向消费者销售产品，降低中间环节成本。在自由贸易港设立实体直销店，让消费者亲身体验产品，提高品牌的实体存在感。通过培训和招募个人销售代表，在自由贸易港和其他地区进行个人销售，增加销售渠道多样性。

利用自由贸易港的国际直邮服务，品牌可以直接将产品寄送给海外消费者，提供更迅速的配送服务。品牌需要了解目标市场的关税政策，合理规划直邮渠道，降低关税成本。利用自由贸易港的高效物流体系，提高直邮渠道的物流速度，增强顾客体验。

（三）自由贸易港品牌在海外零售渠道的挑战

不同国家和地区存在着不同的消费习惯，自由贸易港品牌需要适应并理解这些文化差异。在不同国家营销产品时，语言障碍可能成为挑战，品牌需要制定合适的语言沟通策略。

不同国家有不同的法规和标准，品牌需要遵守当地法规，了解并满足海外市场的合规要求。关税政策的变化可能对自由贸易港品牌的进出口造成影响，品牌需要及时了解并应对。在海外市场，自由贸易港品牌将面对本土品牌的竞争，需要制定差异化策略。自由贸易港品牌还需与其他国际品牌竞争，需要保持产品不断创新和品牌形象的独特性。

国际物流成本可能对产品的定价和竞争力产生影响，品牌需要寻求更经济高效的物流解决方案。国际供应链的可靠性是自由贸易港品牌在海外市场取得成功的关键因素，需确保供应链的稳定性。

在海外市场，自由贸易港品牌可能面临品牌认知度不高的挑战，需要加大品牌推广和宣传工作。提供令人满意的购物体验是吸引海外消费者的关键，自由贸易港品牌需关注产品包装、售后服务等方面的消费体验。货币汇率的波动可能对定价和盈利产生影响，品牌需要谨慎管理货币风险。制定合理的财务规划，应对可能的货币波动，保障企业盈利稳定性。

在海外市场，社会和环境责任意识不断增强，自由贸易港品牌需注重可持续发展，符合当地社会和环境标准。品牌的社会责任行为会影响消费者对品牌的态度，需谨慎处理社会和环境问题。

（四）自由贸易港品牌在海外零售渠道的发展趋势

自由贸易港品牌将更多地投资于电商平台，通过数字化手段拓展销售渠道。利用大数据和人工智能技术进行消费者行为分析，精准预测市场需求，提高销售效益。加强与当地企业、平台的合作伙伴关系，实现跨界融合，扩大产品覆盖范围。通过与不同领域的品牌合作，推出跨界产品，吸引更多消费者的关注。

自由贸易港品牌将更加深入了解目标市场的文化、消费习惯，实施本地化运营策略。在海外市场建立本地团队，更好地服务当地消费者，提升品牌的可信度。加强在社交媒体上的直播销售，提升社交电商渠道的影响力，增加品牌曝光度。鼓励消费者通过社交媒体分享购物体验，形成社交共鸣，扩大品牌影响范围。

推出符合环保标准的产品，提升品牌在海外市场的环保形象。积极履行社会责任，参与当地社会公益事业，提升品牌的社会声誉。不仅关注核心产品线，而且还需扩大产品范围，满足不同消费者的需求，提高市场占有率。提供个性化定制服务，更好地满足消费者多样化的需求。

在海外零售市场，自由贸易港品牌面临着丰富的机遇和挑战。通过充分发挥自由贸易港的优势，如贸易便利性、国际化品牌形象、供应链优势等，结合不同的零售渠道，品牌可以实现更广泛的国际市场覆盖。然而，要在竞争激烈的国际市场中取得成功，品牌还需认真应对各种挑战，如文化差异、法规限制、市场竞争等。未来，随着数字化转型、跨界融合、本地化运营等趋势的发展，自由贸易港品牌在海外零售渠道的表现将更加多元化和创新。

第五节　跨国合作与合资战略

一、跨国合作的优势与挑战

跨国合作在全球化背景下成为企业拓展市场、分享资源和应对竞争的重要手段。

（一）跨国合作的优势

跨国合作帮助企业快速进入不同国家和地区市场，扩大销售网络，实现全球市场覆盖。与本地企业合作能够充分利用其在当地市场的了解和资源，更好地满足当地消费者需求。跨国合作带来技术和创新的共享，加速研发和创新过程，提高企业的竞争力。合作方的生产能力互补，实现规模效益，降低生产成本，提高生产效率。

分散业务到不同国家降低了企业对单一市场的依赖，减缓了政治和经济变化对业务的冲击。跨国合作可以部分抵消汇率波动对企业财务的影响，提高财务稳定性。跨国合作有助于企业吸引和培养全球化人才，促进不同国家的员工交流与合作。不同文化的融合可以为企业带来更广阔的创意和视野，有助于打破地域壁垒。

一些国家为促进跨国合作提供奖励和支持，例如减税、补贴等，降低企业的成本压力。合作方所在国家的税收政策可能为企业提供更有利的经营环境，促进合作伙伴关系的发展。

（二）跨国合作的挑战

跨国合作涉及不同文化的融合，文化差异可能导致团队合作和决策出现困难。跨国合作中语言差异可能导致信息传递不畅，影响沟通效果，增加工作复杂性。不同国家的法律体系不同，合作伙伴关系需要谨慎规划，确保在法律合规的前提下运营。跨国合作涉及不同国家的政治环境，政治不稳定可能对企业运营造成风险。

跨国合作使企业暴露于多个国家的宏观经济波动中，全球经济周期的波动可能对业务带来不利影响。不同国家的货币波动可能对企业财务状况造成波动，增加财务管理的难度。跨国合作可能涉及知识产权的共享，需要谨慎处理知识产权保护的问题。信息共享和远程协作带来网络安全风险，需要加强信息安全管理。

企业在跨国合作中需要建立商业信任关系，确保合作伙伴的可靠性和诚信度。不同国家的合作伙伴可能面临不同的履约能力问题，需要进行有效的风险评估。不同国家的团队协作可能受到时间差、空间距离等因素的影响，需要有效的团队管理和协作机制。跨国合作可能导致人才流失问题，企业需要实施有效的人才留存策略。

（三）成功跨国合作的关键因素

合作伙伴应明确共同的合作愿景和战略目标，确保双方的期望和目标一致。制定清晰的战略规划，包括市场拓展计划、产品合作方向等，确保合作能够实现长期价值。提供跨文化培训，加强团队对不同文化的理解，提升沟通效果。建立高效的沟通渠道，包括定期会议、项目管理工具等，确保信息流通畅。

进行全面的风险评估，包括法律、政治、经济等多方面的风险，制定相应的风险应对策略。建立专业的法务团队，确保合作在法律合规的基础上推进，减少法律风险。签署明确的知识产权协议，保障技术和创新的安全共享。实施强化的网络安全措施，防范信息泄露和网络攻击。

制定全球人才战略，吸引和培养适应跨国合作的全球化人才。实施有效的团队建设活动，促进团队协作和文化融合。保持灵活性，能够根据市场变化和合作伙伴的需求进行战略调整。建立学习机制，及时吸取合作中的经验教训，不断改进合作模式。

二、合资战略在国际市场中的应用

随着全球化的不断深入，企业为了在国际市场取得竞争优势，采取了多种战略来拓展业务。其中，合资战略作为一种常见的国际化手段，被广泛应用于不同行业。

（一）合资战略的定义与类型

合资战略是指两个或更多的公司在一项业务中建立起一种共同的、相对独立的法人实体，并共同对其进行投资和管理。合资战略通常以合资企业（Joint Venture）的形式存在，合资企业是由参与方共同出资成立，共同分享风险和回报的独立法人实体。一方持有合资企业的全部股权，另一方为被合资方，但合资企业在管理和运营上有一定的独立性。

合资企业的股权由各方平等持有，参与方在管理和决策上权利平等。除了原两个主要参与方外，还可以吸引其他投资方，形成多元化的合资结构。

（二）合资战略在国际市场中的优势

合资战略可以减轻企业的资金压力，各方共同出资，降低了个别企业承担全部投资的风险。在新兴市场或不熟悉的市场，合资战略能够减轻对当地市场的不确定性，实现风险的分享与分担。各方共同投入技术和创新资源，实现技术的共享和优势互补，加速产品研发和创新。合资战略有助于整合各方的生产能力，实现规模效益，提高整体生产效率。

在一些国际市场，政府对本地合资企业给予更多的支持和优惠政策，增加市场准入的机会。通过与本地企业合资，企业能够更好地了解目标市场的文化、消费习惯和法规，实现本地化运营。

各方共同参与品牌建设和市场推广，共享品牌效应，提高品牌在国际市场的知名度。合资企业通过共同努力，能够更好地争取市场份额，增强在竞争激烈的市场中的竞争力。

通过合资战略，企业能够实现文化的融合，各方能够共同学习和适应不同的文化环境。合资战略有助于人才交流，各方的员工可以共同分享经验和知识，提高整体团队素质。

（三）合资战略在国际市场中的挑战

不同国家和企业之间存在着不同的沟通风格和方式，文化差异可能导致沟通障碍，影响合资企业的协调和决策。不同国家有着不同的管理模式和理念，合资企业需要找到适应各方的管理模式，确保高效运营。不同国家有着不同的法律体系和法规，合资企业需要遵守各国的法律约束，确保合规运营。不同国家的政治环境可能不稳定，政治风险对合资企业的经营产生潜在影响。

合资企业中各方的权力分配和决策权可能会产生利益分歧，需要建立有效的决策机制。合资方对于经济利益的分配可能存在分歧，需要明确合理的分配机制，以避免潜在的合资关系矛盾。合资企业中，技术和知识的共享可能涉及知识产权问题，需要明确双方的保密协议和权益。技术的转让需要谨慎处理，以避免技术流失和未来竞争中的劣势。

合资企业可能同时受到多个国家经济周期的影响，全球宏观经济波动可能对企业的经营产生不利影响。合资企业需要灵活调整市场策略，适应各国市场的需求变化，避免产品销售不畅。由于文化差异和制度差异，合资企业可能面临员工流失的风险，需要制定人才留存策略。各方员工在文化和管理方式上的适应需要时间，合资企业需要提供支持和培训。

合资战略作为一种重要的国际化手段，在国际市场中具有明显的优势。通过风险分享与分担、资源整合与优势互补、市场准入与本地化、共同品牌建设和文化融合等方面的优势，合资企业能够更好地适应全球化竞争的环境。然而，合资战略也面临着文化差异、法律合规、利益分歧等挑战。在未来，数字化转型、可持续发展、多元文化管理和社会责任等趋势将对合资战略产生深远影响。企业在制定合资战略时，需要认真评估合作伙伴、建立有效沟通机制、注重文化融合和共同发展，以收获更大的成功。

参考文献

[1] 陈伟光，刘彬. 制度创新：海南自由贸易港 [M]. 重庆：重庆大学出版社，2022.

[2] 吴刚，郭茜. 从自由贸易试验区到自由贸易港：内陆自由贸易港发展战略研究 [M]. 成都：西南交通大学出版社，2020.

[3] 林溪发. 海南自由贸易港税收优惠好帮手 [M]. 厦门：厦门大学出版社，2021.

[4] 万力维，常文磊. 自由贸易港建设背景下海南职业本科教育人才培养研究 [M]. 北京：对外经济贸易大学出版社，2022.

[5] 黄先海，陈航宇. 中国特色自由贸易港发展战略研究 [M]. 杭州：浙江大学出版社，2019.

[6] 张建平. 从出口加工区到自由贸易港 [M]. 广州：广东经济出版社，2019.

[7] 付业勤，罗艳菊，司婷婷. 自由贸易港建设背景下文化软实力与国际旅游消费中心协同发展研究 [M]. 长春：吉林大学出版社，2020.

[8] 谢逸波，童泽林，陈晓霖. 自由贸易港概论 [M]. 济南：山东大学出版社，2021.

[9] 王崇敏，曹晓路. 法论海南自由贸易港 [M]. 海口：海南出版社，2022.

[10] 张磊，王茜. 上海自由贸易港建设 2023[M]. 北京：法律出版社，2023.

[11] 王吉，徐晓杰，梁泰铭. 海南自由贸易港通用航空研究 [M]. 海口：海南出版社，2022.

[12] 黄景贵. 海南自由贸易港产业发展研究 [M]. 海口：海南出版社，2022.